단어를 직접 써 보며 외우면~ 기억에 착! 실력도 쑥쑥!

착! 붙는
독일어
단어장

저 전진아

시사 Books

머리말

 ‘단어’는 ‘분리하여 자립적으로 쓸 수 있는 말이나 이에 준하는 말’이라는 사전적인 의미처럼 어학을 습득하는데 굉장히 중요한 부분인 것을 누구나 인지하고 있습니다. 특히 독일어의 명사적 의미를 갖는 단어는 첫 글자를 대문자로 표기할 정도입니다.

 〈착! 붙는 독일어 단어장〉은 현지 독일어권 지역에서 가장 일상적으로 쓰이는 단어들을 문장과 함께 습득하고 자연스럽게 어휘력을 향상시킬 수 있도록 우리의 일상생활에서 쉽게 접할 수 있는 상황에 필요한 단어들을 선정하였습니다. 1장은 사람을 주제로 가족과 개인 정보에 관련되는 단어, 2장은 거주를 주제로 나라와 도시 업무와 서비스에 필요한 단어, 3장은 음식과 음료를 주제로 음식과 식당에서 쓰이는 단어, 4장은 구매를 주제로 단위, 사이즈, 의류, 색깔에 관련된 단어, 5장은 일상과 여가 생활을 주제로 교통수단의 이용과 스포츠에 관련된 단어, 6장은 교육을 주제로 학교나 학교생활에서 필요한 단어, 7장은 건강과 질병이라는 주제로 우리 몸의 신체 부위와 건강에 관련된 단어, 8장은 사회적 관계라는 주제로 친구, 결혼 등의 사회생활을 연상시키는 단어, 9장은 환경과 기후를 주제로 자연, 동물, 시간을 연상시키는 단어, 마지막으로 10장은 독일어를 습득하는 데 꼭 필요한 전치사, 조동사를 비롯한 주요 문법을 함께 정리하였습니다.

 이렇게 장마다 주제별로 필수 단어들을 엄선하였고 상황에 맞는 예문을 통하여 독일어를 깊이 있게 학습할 수 있습니다. 또한 다양한 연습문제를 구성하여 학습한 단어를 문법에 활용할 수 있도록 하였습니다. 그리고 연습문제에 힌트를 담아 중요한 문법을 정리해 학습자에게 폭 넓은 이해와 더 확장된 단어 학습법을 제시하였고 동시에 참고 인용문과 참고 지식 역시 단어의 암기에 큰 역할을 할 것입니다. 유의어, 반대어, 참고 숙어의 수록 또한 〈착! 붙는 독일어 단어장〉의 특징이라 할 수 있습니다.

 〈착! 붙는 독일어 단어장〉이 독일어를 습득하고 정진하는 분들의 열정에 많은 도움이 되리라 확신합니다. 모쪼록 한 권의 책으로 나오도록 도와주신 랭기지플러스에 감사의 말씀을 드리며 〈착! 붙는 독일어단어장〉이 독일어를 습득하고 싶어 하는 분들과 함께 하는 좋은 친구가 되기를 간절히 바랍니다.

전진아

목차

▓▓ 기본기를 다지는 데 필요한 엄선된 단어

본 교재로 독일어를 학습하는 데 필수적인 단어를 학습할 수 있습니다. 단순히 단어를 알파벳 순으로 나열한 것이 아니라 테마별로 단어를 정리하여 효율적으로 단어 공부를 할 수 있도록 하였습니다. 각 단어마다 제시된 예문은 실제로 활용도가 높은 문장으로 실생활에서 활용도가 높은 구문을 엄선하였습니다.

▓▓ 연습 문제

소주제마다 '연습문제'를 실어 학습한 내용으로 스스로 점검해 볼 수 있도록 하였습니다. 다양한 문제를 풀어 보면서 학습한 단어를 좀 더 확실하게 익혀 보세요.

:: 독일어 학습의 추가 정보

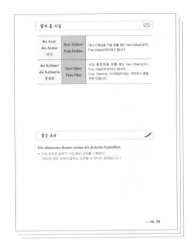

학습을 하면서 추가적으로 알아두면 좋을 내용을 담았습니다. 해당 주제와 관련된 숙어, 같은 뜻을 나타내는 어휘의 미묘한 차이 등 독일어와 관련된 재미있는 사실을 추가적으로 학습할 수 있습니다.

:: MP3 파일

원어민이 들려주는 발음을 통해 확실하게 단어를 익힐 수 있습니다. 발음 연습을 하면서 청취 실력도 충분히 향상시킬 수 있습니다. 시사북스 홈페이지 (www.sisabooks.com) 자료실 또는 표지에 있는 QR코드 스캔을 통해 자료를 무료로 이용하실 수 있습니다.

MENSCH

사람

1 Familie 가족

☐ die Familie

Meine Familie lebt in Deutschland.

나의 **가족**은 독일에서 산다.

가족

☐ der Vater

Sein Vater ist Lehrer.

그의 **아버지**는 선생님이다.

유의어 der Papa

아버지

☐ die Mutter

Meine Mutter kocht sehr gut.

우리 **엄마**는 요리를 매우 잘한다.

유의어 die Mama

어머니

☐ die Eltern

Wo wohnen deine Eltern?

너의 **부모님**께서는 어디에 사시니?

pl 부모

☐ der Großvater

Großvater war ein Politiker.

할아버지는 정치인이었다.

유의어 der Opa

할아버지

☐ die Großmutter

Ihre Großmutter ist aus Korea.

그녀의 **할머니**께서 한국에서 오셨다.

유의어 die Oma

할머니

☐ die Großeltern

Ich sehe meine Großeltern jeden Tag.

나는 **조부모님**을 매일 만난다.

pl 조부모

☐ der Bruder

Das ist mein Bruder Tim.

여기는 내 **오빠** Tim이야.

참고 오빠, 형, 남동생

형제

☐ die Schwester	Ich habe eine Schwester. 나는 **여동생**이 있다. 참고 언니, 누나, 여동생	자매
☐ die Geschwister	Wie viele Geschwister hast du? **형제자매**가 몇 명이야?	pl 형제자매
☐ das Kind	Ich bin kein Kind mehr. 나는 더 이상 **어린이**가 아니야.	어린이, 아이
☐ der Sohn	Unser Sohn ist Polizist. 우리 **아들**은 경찰관이다.	아들
☐ die Tochter	Meine Tochter ist vier Jahre alt. 제 **딸**은 네 살입니다.	딸
☐ das Enkelkind	Wir haben noch kein Enkelkind. 우리는 아직 **손주**가 없습니다.	손주
☐ der Enkelsohn	Das ist mein Enkelsohn, der Sohn von meiner Tochter. 여기는 우리 **손자**, 우리 딸의 아들입니다.	손자
☐ die Enkeltochter	Unsere Enkeltochter geht in die dritte Klasse. 우리 **손녀**는 3학년입니다.	손녀

☐ der Onkel ✎	Mein Onkel hat ein neues Auto. **삼촌**은 새로운 자동차를 샀다. 참고 삼촌, 이모부, 고모부, 큰/작은 아빠	삼촌
☐ die Tante ✎	Tante Frieda hat mir ein tolles Buch gekauft. 프리다 **이모**는 나에게 멋진 책을 사 주셨다. 참고 이모, 고모, 외숙모, 큰/작은 엄마	이모
☐ der Cousin ✎	Mein Cousin spricht viele Sprachen. 내 **사촌**은 여러 언어를 한다. 참고 사촌형/오빠/동생 유의어 der Vetter	남자 사촌
☐ die Cousine ✎	Mutters Cousine Eva kommt uns morgen besuchen. 엄마의 **사촌** Eva가 내일 놀러 오신다. 참고 사촌 언니/누나/동생 유의어 die Kusine	여자 사촌
☐ der Neffe ✎	Wie alt ist euer Neffe? 너희의 **조카**는 몇 살이니?	남자 조카
☐ die Nichte ✎	Gestern war ich mit meiner Nichte im Kino. 어제 내 **조카**와 같이 영화관에 갔었다.	여자 조카
☐ der Verwandte ✎	Ich habe viele Verwandte. 나는 **친척**이 많다.	친척
☐ die Großfamilie ✎	Die Großfamilie lebt in einem großen Haus. 그 **대가족**은 큰 집에서 산다. 반의어 die Kleinfamilie 핵가족	대가족

☐ lieben	Ich liebe meine Familie. 나는 내 가족을 **사랑한다**.	사랑하다
☐ allein	Ich bin gerne allein, da kann ich tun, was ich will. 나는 **혼자** 있는 것이 좋다, 내가 하고 싶은 것을 할 수 있기 때문이다.	혼자
☐ verlobt	Wir haben uns gestern verlobt. 우리는 어제 **약혼했다**.	약혼한
☐ der Stammbaum	Wie gefällt dir die Abbildung von meinem Stammbaum? 내 **가계도** 그림을 어떻게 생각하니?	가계도
☐ die Generation	In diesem Haus leben drei Generationen zusammen. 이 집에서 3**대**가 같이 산다.	대, 세대

1 빈칸에 알맞은 이름을 쓰세요.

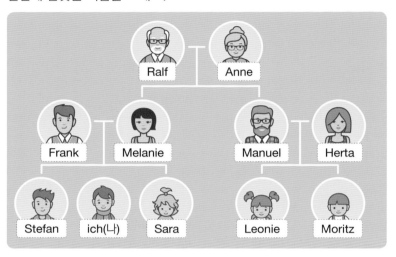

① Mein Großvater heißt _____.

② Meine Schwester heißt _____.

③ Die Frau von meinem Onkel Manuel heißt _____.

④ Meine Eltern heißen _____ und _____.

⑤ Der Bruder von Leonie heißt _____.

2 빈칸에 알맞은 소유대명사(mein/meine)를 쓰세요.

① Das sind _____ Großeltern.
제 조부모님입니다.

② Das ist _____ Cousine Leonie.
제 사촌 동생 Leonie입니다.

③ Das ist _____ Vater Frank.
제 아버지 Frank입니다.

④ Das sind _____ Geschwister.
제 형제자매입니다.

⑤ Das ist _____ Bruder Stefan.
제 형 Stefan입니다.

✓ **힌트**
소유대명사 mein/meine
의 관련 명사가 남성(중성)
일 경우는 mein, 여성 또는
복수일 경우는 meine를 사
용하세요!

3 빈칸에 sein 동사의 알맞은 형태(ist/sein)를 쓰세요.

① Das _____ meine Kinder.

제 아이들입니다.

② Das _____ mein Bruder Stefan und meine Schwester Sara.

제 형 Stefan와 여동생 Sara입니다.

③ Das _____ unsere Tochter Melanie.

우리 딸 Melanie입니다.

④ Das _____ meine Frau Herta.

제 부인 Herta입니다.

✓ **힌트**
주어가 단수일 경우 ist, 복수일 경우 sind를 사용하세요.

⑤ Das _____ meine Familie.

제 가족입니다.

✓ **주의**
familie(가족)의 뜻은 복수이지만 문법적으로는 단수로 쓰입니다(영어 family).

2 Persönliche Angaben 개인 정보

☐ **der Name**

Wie ist Ihr Name?
성함이 어떻게 되세요?

성함, 이름

☐ **der Vorname**

Mein Vorname ist Monika.
제 **이름**은 모니카입니다.

이름

☐ **der Nachname**

Mein Nachname ist Müller.
제 **성**은 뮐러예요.
유의어 Familienname

성

☐ **das Alter**

In Korea fragt man oft nach dem Alter.
한국에서는 **나이**를 자주 물어봅니다.

나이

☐ **das Geburtsdatum**

Schreiben Sie hier Ihr Geburtsdatum ein.
여기에 **생년월일**을 적으세요.

생년월일

☐ **der Geburtsort**

Salzburg ist der Geburtsort von Mozart.
잘츠부르크는 모차르트의 **출생지**입니다.

출생지

☐ **die Adresse**

Wie ist deine neue Adresse?
너의 새 **주소**가 어떻게 되니?

주소

☐ **der Wohnort**

Mein derzeitiger Wohnort ist Berlin.
저의 현재 **거주지**는 베를린입니다.

거주지

☐ **die Straße**

Die Wohnung liegt in der Schillerstraße.
아파트는 쉴러슈트라세 **길**에 위치합니다.

길, 도로

☐ die Stadt	In welcher Stadt möchtest du gerne leben? 너는 어느 **도시**에서 살고 싶니?	도시
☐ das Land	Korea nennt man das Land der Morgenstille. 대한민국은 고요한 아침의 **나라**라고 불립니다. 유의어 die Nation, der Staat	나라
☐ das Geschlecht	Geschlecht bedeutet männlich oder weiblich. **성**은 남성인지 또는 여성인지를 의미합니다.	성
☐ die Nationalität	Was ist ihre Nationalität? 귀하의 **국적**은 무엇입니까? 유의어 die Staatsbürgerschaft	국적
☐ der Familienstand	Darf ich nach Ihrem Familienstand fragen? **결혼 여부**를 여쭤봐도 될까요?	결혼 여부
☐ die Religion	Es gibt auf der Welt viele verschiedene Religionen. 세계에는 여러 **종교**가 있습니다.	종교
☐ katholisch	In Österreich sind viele katholisch. 오스트리아의 많은 사람이 **천주교 신자**입니다.	천주교 신자
☐ evangelisch	Meine Familie ist evangelisch. 우리 가족은 **기독교 신자**입니다.	기독교 신자

☐ ohne Bekenntnis	Viele Menschen sind ohne Bekenntnis. 또 많은 사람은 **무교**입니다. 참고 약자 o.B.로 자주 쓰임	무교
☐ die Körpergröße	Meine genaue Körpergröße weiß ich nicht. 정확한 **신장**은 잘 모르겠습니다.	신장
☐ die Augenfarbe	Das Kind hat die gleiche Augenfarbe wie seine Mutter. 아이는 엄마와 같은 **안구 색**입니다.	안구 색
☐ das Gewicht	Ich muss mein Gewicht halten. 나는 **몸무게**를 유지해야 한다.	몸무게
☐ der Beruf	Ich bin Lehrer von Beruf. 제 **직업**은 교사입니다.	직업
☐ die Schuhgröße	Seine Schuhgröße ist 46. 그의 **신발 사이즈**는 46입니다.	신발 사이즈
☐ die Konfektionsgröße	Kennen Sie Ihre Konfektionsgröße? 당신의 **기성복 사이즈**를 아시나요?	기성복 사이즈
☐ die Postleitzahl	Die Postleitzahl von Frankfurt ist 60311. 프랑크푸르트의 **우편번호**는 60311입니다. 참고 약자 PLZ으로 많이 쓰임.	우편번호

☐ die Telefonnummer	Ich schreibe dir meine Telefonnummer auf. 제 **전화번호**를 적어 드릴게요. **참고** die Nummer	전화번호
☐ die E-Mail Adresse	Ist das deine aktuelle E-Mail Adresse? 이것이 현재 쓰는 **메일 주소**입니까?	메일 주소
☐ die Faxnummer	Ich gebe Ihnen meine neue Faxnummer. 새로운 **팩스 번호**를 드리겠습니다.	팩스 번호
☐ das Mobiltelefon	Wo hast du dein Mobiltelefon verloren? 네 **핸드폰**을 어디에서 잃어버렸니?	핸드폰
☐ das Merkmal	Mein Merkmal ist ein großes Muttermal auf der rechten Wange. 제가 가진 신체적 **특징**은 오른쪽 볼의 큰 점입니다.	특징
☐ Keine Angabe	Wenn es nicht zutrifft, dann schreib einfach „Keine Angabe" oder k.A. 해당하지 않으면 그냥 "**없음**" 또는 약자 k.A.라고 써.	없음

1 빈칸에 알맞은 말을 쓰세요.

① Der Ort, an dem ich geboren wurde, ist mein _____.

② Meine _____ ist 0650/ 1033 7901.

③ Ich bin Koreaner. Ich habe die koreanische _____.

④ Mein Vorname ist Paul und mein _____ ist Huber.

⑤ Bist du ledig oder _____?

2 빈칸에 알맞은 정관사(der, die, das)를 쓰세요.

① _____ Gewicht

② _____ Geburtsdatum

③ _____ Adresse

④ _____ Postleitzahl

⑤ _____ Geschlecht

> ✓ **힌트**
> 정관사 'der(남)/die(여)/das(중)'는
> 명사의 문법적인 성에 따라서 쓰입니다.
> 이미 한 번 언급했거나 모든 사람이 알
> 고 있는 명사를 말할 때 사용됩니다.

3 빈칸에 알맞은 부정관사(ein, eine, ein)를 쓰세요.

① _____ Beruf

② _____ Stadt

③ _____ Telefonnummer

④ _____ Straße

⑤ _____ Religion

4 다음을 알맞게 연결하세요.

① 63kg   •   • ⓐ Adresse

② Berlinerstrasse 49 •   • ⓑ Familienstand

③ weiblich   •   • ⓒ Gewicht

④ blau   •   • ⓓ Geschlecht

⑤ verheiratet   •   • ⓔ Augenfarbe

정답

1 ① Geburtsort   ② Telefonnummer   ③ Nationalität   ④ Nachname   ⑤ verheiratet

2 ① das   ② das   ③ die   ④ die   ⑤ das

3 ① ein   ② eine   ③ eine   ④ eine   ⑤ eine

4 ① ⓒ   ② ⓐ   ③ ⓓ   ④ ⓔ   ⑤ ⓑ

3 Beruf 직업

☐ der Lehrer
die Lehrerin

Meine Mutter ist Lehrerin von Beruf.
우리 엄마는 **교사**입니다.

(남, 여)
교사

☐ der Polizist
die Polizistin

Ich möchte Polizist werden.
저는 **경찰**이 되고 싶습니다.

(남, 여)
경찰

☐ der Verkäufer
die Verkäuferin

Der Verkäufer ist sehr fleißig.
판매원은 매우 부지런합니다.

(남, 여)
판매원

☐ der Sänger
die Sängerin

Meine Cousine ist Sängerin.
사촌 언니는 **가수**입니다.

(남, 여)
가수

☐ der Bankkaufmann
die Bankkauffrau

Ich mache eine Ausbildung zum Bankkaufmann.
저는 **은행원** 교육을 받고 있습니다.

(남, 여)
은행원

☐ der Handwerker
die Handwerkerin

Der Handwerker kommt sofort.
기술자는 바로 옵니다.

(남, 여)
기술자

der Pilot die Pilotin	Mein Freund ist Pilot bei Lufthansa. 제 남자 친구는 루프트한자 항공의 **조종사**입니다.	(남, 여) 조종사
der Krankenpfleger die Krankenpflegerin	In diesem Krankenhaus arbeiten über 100 Krankenpfleger. 이 병원에서는 100명 이상의 **간호사**들이 일합니다.	(남, 여) 간호사
der Flugbegleiter die Flugbegleiterin	Der Traumberuf meiner Schwester ist Flugbegleiterin. 우리 여동생의 장래 희망은 **승무원**입니다.	(남, 여) 승무원
der Arzt die Ärztin	Mein Arzt sagt, ich soll viel Tee trinken. **의사** 선생님께서 차를 많이 마시라고 하셨습니다.	(남, 여) 의사
der Programmierer die Programmiererin	Hier findest du einen Artikel über eine Programmiererin. 여기 여자 **프로그래머**에 대한 기사를 볼 수 있습니다.	(남, 여) 프로그래머
der Journalist die Journalistin	Der Journalist machte ein Interview. 기자가 **인터뷰**를 진행했습니다.	(남, 여) 기자

□ der Schauspieler die Schauspielerin	Welcher Schauspieler gefällt dir? 어떤 **영화배우**가 마음에 드니?	(남, 여) 영화배우
□ der Bäcker die Bäckerin	Ein Bäcker muss täglich früh aufstehen. **제빵사**는 매일 일찍 일어나야 한다.	(남, 여) 제빵사
□ der Koch die Köchin	Meine Mutter ist die beste Köchin der Welt. 우리 엄마는 세계 최고의 **요리사**입니다.	(남, 여) 요리사
□ der Kellner die Kellnerin	Hast du schon ausgewählt? Der Kellner kommt zu uns. 음식을 고르셨어요? **종업원**이 저희에게 오고 있어요.	(남, 여) 종업원
□ die Hausfrau der Hausmann	Ich bin gerne Hausfrau. 나는 **전업주부**인 것이 좋아요.	(여, 남) 전업주부
□ arbeiten	Ich arbeite bei Siemens. 저는 지멘스에서 **근무합니다**.	근무하다, 일하다
□ der Fahrer die Fahrerin	Wolltest du nicht Fahrer werden? 너는 **운전사**가 되고 싶어 하지 않았니?	(남, 여) 운전사

☐ der
Mechaniker
die
Mechanikerin

Ich möchte lieber Mechaniker werden.
저는 **정비공**이 되는 것을 더 원합니다.

(남, 여)
정비공

☐ der Musiker
die Musikerin

Eigentlich wollte ich Musikerin werden.
사실은 **음악가**가 되고 싶었습니다.

(남, 여)
음악가

☐ der Rentner
die Rentnerin

Mein Opa ist seit zwei Wochen Rentner.
우리 할아버지는 2주 전부터 **연금 수령자**가 됐습니다.

유의어 **der Pensionist, die Pensionistin**

(남, 여)
연금
수령자

☐ der Autor
die Autorin

Dieser Autor schreibt spannende
Geschichten.
이 **작가**는 긴장감 있는 스토리를 씁니다.

(남, 여)
작가

☐ der Job

Hast du einen neuen Job?
새로운 **직장**을 얻었니?

유의어 **die Arbeit, die Arbeitsstelle**

직장

☐ der
Arbeitsplatz

Am Arbeitsplatz darf nicht geraucht
werden.
업무 현장에서는 금연입니다.

업무 현장

☐ der Chef
die Chefin

Meine Chefin ist sehr nett.
우리 **상사**는 매우 친절합니다.

유의어 **der Vorgesetzte
die Vorgesetzte**

(남, 여)
상사

☐ der Angestellte die Angestellte	Alle Angestellten mögen die Chefin sehr gern. 모든 **직원**은 상사를 매우 좋아합니다.	(남, 여) 직원
☐ der Arbeitskollege die Arbeitskollegin	Ich treffe mich heute Abend mit meinen Arbeitskollegen. 오늘 저녁에는 **직장 동료**들을 만납니다.	(남, 여) 직장 동료
☐ die Firma	Für diese Firma habe ich auch einmal gearbeitet. 저도 예전에 이 **회사**에서 일을 했습니다.	회사
☐ die Fabrik	Die Fabrik für die Produktion steht in Ungarn. 생산을 위한 **공장**은 헝가리에 있습니다.	공장
☐ das Büro	Das Büro von Frau Maier finden Sie im zweiten Stock. 마이어 부인의 **사무실**은 3층에 있습니다.	사무실

1 다음에서 직업 10개를 찾아보세요.

N	H	X	M	R	Q	N	N	U	Y	F	B	M	J	Q	I	R	C
B	F	B	I	I	W	R	J	E	N	R	J	E	P	Q	I	P	U
A	Y	P	K	M	Q	S	C	H	A	U	S	P	I	E	L	E	R
D	P	I	R	L	U	N	R	S	Ä	N	G	E	R	I	N	F	N
D	J	S	A	B	M	B	K	W	F	E	J	O	H	G	N	O	H
B	K	L	N	Ä	R	Z	T	I	N	U	O	Q	W	V	D	V	X
O	E	M	K	N	M	P	X	S	Y	W	U	L	X	P	H	K	M
L	W	N	E	S	U	K	K	R	O	A	R	Y	O	N	U	Y	F
W	R	T	N	G	S	O	H	B	B	H	N	A	N	P	J	M	Y
O	L	P	P	R	I	R	I	Y	Z	O	A	U	V	V	Q	C	D
M	I	O	F	N	K	O	C	H	L	V	L	T	H	J	V	G	Y
G	C	I	L	S	E	S	M	P	E	I	I	O	T	O	C	L	L
N	N	L	E	Z	R	X	E	I	H	F	S	R	L	X	S	S	U
U	L	V	G	I	I	A	C	L	R	X	T	A	U	G	W	P	M
I	E	T	E	L	N	N	B	O	E	W	T	Q	B	I	F	B	T
D	G	D	R	W	W	T	L	T	R	U	N	B	I	U	W	T	I
Z	V	G	S	L	M	M	W	P	I	A	T	G	E	O	P	J	I
I	C	Y	J	I	F	V	U	L	N	R	V	O	F	Y	K	M	

① _____ ② _____

③ _____ ④ _____

⑤ _____ ⑥ _____

⑦ _____ ⑧ _____

⑨ _____ ⑩ _____

2 다음에서 설명하는 직업을 쓰세요.

① arbeitet in einer Bäckerei   _____

② arbeitet zu Hause   _____

③ arbeitet in einer Bank   _____

④ macht Interviews   _____

⑤ verkauft Waren   _____

der Arzt/ die Ärztin 의사	Herr Doktor/ Frau Doktor	의사 선생님을 직접 부를 때는 Herr Doktor(남자), Frau Doktor(여자)라고 합니다.
der Kellner/ die Kellnerin 종업원	Herr Ober/ Frau Ober	식당 종업원을 부를 때는 Herr Ober(남자), Frau Ober(여자)라고 합니다. Frau Oberin는 수녀원장이라는 의미여서 혼동하면 안됩니다.

참고 숙어

Die dümmsten Bauern ernten die dicksten Kartoffeln.

▶ 가장 우둔한 농부가 가장 굵은 감자를 수확한다.
(지식과 받은 교육이 없어도 성공할 수 있다는 표현입니다.)

4 Aussehen und Eigenschaften 외모와 성격

☐ schön

Das Gesicht der Schauspielerin ist schön.
여배우의 얼굴은 **예쁘다**.

유의어 hübsch

예쁜

☐ hässlich

Das hässliche Entlein war traurig.
미운 오리 새끼는 슬펐다.

미운,
못생긴

☐ glatt

Ich habe eigentlich glatte Haare.
제 머리는 원래 **생머리**입니다.

생머리,
매끄러운

☐ lockig

Die Haare des Kindes sind lockig.
아이는 **곱슬머리**입니다.

참고 die Locke 컬

곱슬곱슬한

☐ blond

Ich finde blonde Frauen hübsch.
저는 **금발**의 여자들이 예쁘다고 생각합니다.

금발인

☐ brünett

Meine Freundin ist brünett.
제 여자 친구는 **갈색 머리**입니다.

갈색
머리의

☐ die Glatze

Ich glaube, du bekommst eine Glatze.
내 생각에 너는 곧 **대머리**가 될 것 같아.

대머리

☐ gutaussehend

Dein Bruder ist wirklich gutaussehend.
너의 오빠는 정말 **잘생겼다**.

참고 일반적으로 남성에게 씀.

잘생긴

☐ kurz

Er hat kurze, schwarze Haare.
그의 머리카락은 **짧고**, 검은색이다.

짧은

☐ lang	Seine Wimpern sind lang. 그의 속눈썹은 **길다**.	긴
☐ groß	Er sieht mich mit seinen großen, dunklen Augen an. 그는 **크고** 짙은 눈으로 나를 바라본다.	큰
☐ klein	Meine kleine Schwester ist nun nicht mehr so klein. 내 여동생은 이제 그렇게 **어리지** 않다.	어리다, 작다
☐ breit	Besonders gefällt mir ihre schöne, breite Stirn. 그녀의 예쁘고, **넓은** 이마가 특히 마음에 든다.	넓은
☐ rund	Seit sie sieben ist, trägt sie eine runde Brille. 그녀는 7살 때부터 **둥글둥글**한 안경을 쓰고 있다.	둥근
☐ dick	Sie macht keinen Sport und ist etwas dick. 그녀는 운동을 하지 않으며 약간 **뚱뚱하다**.	뚱뚱한
☐ dünn	Sie möchte wie ihre Freundin dünn sein. 그녀는 그녀의 (여자) 친구처럼 **마르고** 싶습니다.	마른
☐ schlank	Ich hoffe, sie schafft es und wird bald schlank. 그녀는 곧 목표를 달성해서 **날씬해지기**를 원합니다.	날씬한
☐ sportlich	Ich finde sportliche Frauen besser als unsportliche. 나는 **스포티한** 여자들을 그렇지 않은 여자보다 더 좋아한다.	스포티한

☐ die Figur	Sie hat eine tolle Figur, und sie tut auch viel dafür. 그녀는 **몸매**가 훌륭하고 그것을 유지하려고 많은 노력을 합니다.	몸매
☐ faul	Am Wochenende bin ich manchmal faul und stehe nicht auf. 나는 가끔 주말에는 **게으름** 피우고 일어나지도 않습니다.	게으른, 게으름 피우는
☐ freundlich	Die Menschen in Deutschland sind freundlich. 독일 사람들은 **친절하다**. 반의어 unfreundlich 불친절한	친절한
☐ fleißig	Koreaner sind ein fleißiges Volk. 한국인은 **부지런한** 민족입니다.	부지런한
☐ egoistisch	Ich mag keine egoistischen Personen. 나는 **이기주의**자들 좋아하지 않습니다.	이기주의의
☐ schüchtern	Mein Sohn ist ein wenig schüchtern. 우리 아들은 약간 **수줍어한다**. 유의어 scheu	수줍어하는
☐ fröhlich	Deine Tochter ist ein fröhliches Kind. 너의 딸은 **해맑은** 아이다. 반의어 traurig 슬픈	해맑은
☐ ruhig	Ich war als Kind sehr ruhig. 저는 어렸을 때 매우 **조용했습니다**. 반의어 laut 시끄러운	조용한
☐ gesprächig	Jetzt bin ich eher gesprächig. 지금은 오히려 더 **수다스럽습니다**.	수다스러운

4 Aussehen und Eigenschaften 외모와 성격

ehrlich	Ich bin froh, dass du ehrlich zu mir bist. 나는 네가 나에게 **솔직해서** 기쁘다. 반의어 unehrlich 솔직하지 않은, 부정직한	솔직한
ehrgeizig	Du bist immer so ehrgeizig. 너는 늘 큰 **야심이 있어**.	야심 있는
wütend	Bist du noch immer wütend auf mich? 너는 아직도 나에게 **화가 안 풀렸**니?	화가 나다, 화가 안 풀렸다

1 빈칸에 문맥상 알맞은 말을 쓰세요.

① Ich bin nicht dick, ich bin _____.

② Du bist nicht hässlich, du bist _____.

③ Er ist nicht klein, er ist _____.

④ Wir sind nicht ruhig, wir sind _____.

⑤ Ihr seid nicht faul, ihr seid _____.

2 제시된 단어를 활용하여 빈칸에 알맞은 말을 쓰세요.

① machen: Ich _____

② laufen: Sie(그들은) _____

③ gehen: Du _____

④ schlafen: Er _____

⑤ kaufen: Ihr _____

⑥ lernen: Wir _____

✔ 힌트
규칙 동사의 변화

단수	1	ich	trinke	-e
	2	du	trinkst	-st
	3	er/sie/es	trinkt	-t
복수	1	wir	trinken	-en
	2	ihr	trinkt	-t
	3	sie	trinken	-en

3 다음을 참고하여 문장을 만들어 보세요.

> das Kleid – lang – kurz (드레스 – 길다 – 짧다)
> ➡ Das Kleid ist lang. 이 드레스는 길다.
> Das Kleid ist kurz. 이 드레스는 짧다.

① Der Hund – dick – dünn (강아지 – 뚱뚱한 – 날씬한)

➡ _____

② Das Auto – groß – klein (자동차 – 큰 – 작은)

➡ _____

③ Die Frau – blond – brünett (여자 – 금발 – 갈색 머리의)

➡ _____

④ Der Mann – sportlich – unsportlich (남자 – 스포츠의 – 운동 소질이 없는)

➡ _____

⑤ Der Lehrer – gesprächig – ruhig (선생님 – 수다스러운 – 조용한)

➡ _____

klein	klein	Mein Bruder ist klein. 내 남동생은 작다/어리다.
작은	어린	
dick	vollschlank	A: Du bist aber dick. 　너는 뚱뚱하구나. B: Nein, ich bin nicht dick, ich bin vollschlank. 　아니야, 나는 뚱뚱하지 않아, 풍만한 거야.
뚱뚱한		

참고 숙어

Ehrlich währt am längsten.

▶ 정직한 것이 가장 오래 지속된다.
　(어떤 일을 하든 정직한 것이 중요하다는 의미입니다.)

Wohnen

거주

1 Länder/Städte 나라/도시

☐ Deutschland	Im Sommer fliege ich nach Deutschland, denn ich habe einen Ferienjob. 나는 휴가지 아르바이트를 구해서 여름에 **독일**로 갈 것이다.	독일
☐ Österreich	Am Wochenende fahre ich dann nach Österreich, um die Alpen zu sehen. 그리고 주말에는 알프스를 보기 위해 **오스트리아**에 갈 것이다.	오스트리아
☐ die Schweiz	Ich werde auch meinen Onkel in der Schweiz besuchen. **스위스**에 사는 삼촌 집에도 방문할 예정이다.	스위스
☐ Italien	Wenn du mich besuchen kommst, fahren wir mit dem Zug nach Italien. 네가 놀러 오면 기차를 타고 **이탈리아**로 가려고 한다.	이탈리아
☐ England	Mein Flug nach England ist schon wieder verspätet. **영국**으로 가는 제 비행기는 또 연착합니다.	영국
☐ Luxemburg	Ich möchte gerne wissen, was die Menschen in Luxemburg gerne essen. 저는 **룩셈부르크** 사람들이 무엇을 즐겨 먹는지 알고 싶습니다.	룩셈부르크
☐ Russland	Russland hat bei den Olympischen Spielen sehr viele Medaillen gewonnen. **러시아**는 올림픽에서 아주 많은 메달을 땄습니다.	러시아
☐ die Niederlande	Amsterdam ist die Hauptstadt von den Niederlanden, die auch Holland genannt werden. 암스테르담은 **네덜란드**의 수도입니다. 네덜란드는 홀란드라고도 불립니다.	네덜란드

☐ die Türkei	Letztes Jahr war ich mit meinen Eltern in der Türkei am Meer. 작년에 제 부모님과 함께 **터키** 바닷가에 다녀왔습니다.	터키
☐ Australien	Australien wird mit dem Ländercode AUS abgekürzt. **호주**의 약어는 AUS입니다.	호주
☐ Asien	Asien ist der größte Kontinent, und hat auch die meisten Einwohner. **아시아**는 대륙 중에 가장 크고 인구도 가장 많습니다.	아시아
☐ Europa	Meine Familie macht eine 14-tägige Reise nach Europa. 우리 가족은 14일 동안 **유럽** 여행을 할 거예요.	유럽
☐ Amerika	Ich war noch nie in Amerika, darum freue ich mich schon auf die Reise. 저는 **미국**에 가 본 적이 없어서 이번 여행이 기대가 됩니다.	미국
☐ Afrika	Die größte Insel des Kontinenten Afrikas ist Madagaskar. **아프리카** 대륙의 제일 큰 섬은 마다가스카입니다.	아프리카
☐ Australien	Der Kontinent Australien ist fast so groß wie Europa. **호주** 대륙은 유럽 대륙과 크기가 거의 비슷합니다.	호주
☐ Frankfurt	Die Europäische Zentralbank hat ihren Sitz in Frankfurt am Main. 유럽 중앙 은행은 **프랑크푸르트** 암 마인에 위치한다.	프랑크 푸르트
☐ Berlin	Berlin ist die Hauptstadt der Bundesrepublik Deutschland. **베를린**은 독일 연방 공화국의 수도다.	베를린

München	In München habe ich das Schloss Nymphenburg besichtigt. 뮌헨에서는 님펜부르크 궁전을 방문했습니다.	뮌헨
Hamburg	Die größte Stadt in der Europäischen Union, die keine Hauptstadt ist, ist Hamburg mit 1,8 Millionen Einwohner. 유럽 연합에서 수도가 아닌 가장 큰 도시는 180만 인구가 있는 **함부르크**다.	함부르크
Köln	In Köln fließt der Rhein entlang der Altstadt. **쾰른**에는 라인강이 구시내를 따라 흐른다.	쾰른

연습문제

1 나라 이름을 쓰세요.

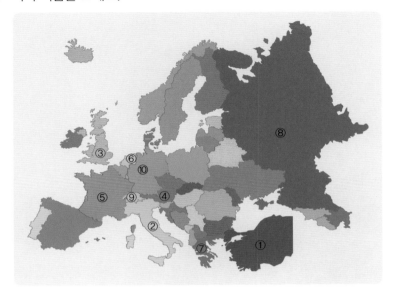

① _____   ② _____

③ _____   ④ _____

⑤ _____   ⑥ _____

⑦ _____   ⑧ _____

⑨ _____   ⑩ _____

2 다음 제시된 알파벳을 재배열하여 도시 이름을 맞게 쓰세요.

① UABMRHG   _____   ② RMEEBN   _____

③ RNIELB   _____   ④ VHERNAON   _____

⑤ LFEDROÜSDS   _____   ⑥ GSTATTURT   _____

⑦ NDDRSEE   _____   ⑧ ZNIMA   _____

⑨ HÜNCMNE   _____

정답

1 ① die Türkei ② Italien ③ England ④ Österreich ⑤ Frankreich
    ⑥ die Niederlande ⑦ Griechenland ⑧ Russland ⑨ die Schweiz ⑩ Deutschland
2 ① Hamburg ② Bremen ③ Berlin ④ Hannover ⑤ Düsseldorf
    ⑥ Stuttgart ⑦ Dresden ⑧ Mainz ⑨ München

2 **Wohnarten** 거주 형태

Track 06

☐ die Wohnung	Wir leben in einer 4-Zimmerwohnung in München. 우리는 뮌헨의 방 4칸짜리 **아파트**에 산다.	아파트
☐ das Haus	Meine Großeltern haben ein großes Haus am See. 저의 조부모님은 호숫가에 큰 **집**을 소유하고 있습니다.	집
☐ das Reihenhaus	Besonders zwischen 1950 und 1960 wurden viele Reihenhäuser errichtet. 특히 1950년대와 1960년대에 많은 **연립 주택**이 지어졌습니다.	연립 주택
☐ das Einfamilienhaus	In der Müllerstrasse wird ein neues Einfamilienhaus gebaut. 뮐러스트라세 길에 새로운 **단독 주택**을 짓고 있습니다.	단독 주택
☐ die WG	Mit einer WG bezeichnet man das Zusammenleben von mehreren Personen in einer Wohnung. **주거 공동체**는 여러 사람들이 한 아파트에서 같이 사는 것을 말하는 것입니다. 참고 Wohngemeinschaft (WG 약자)	주거 공동체
☐ das Appartement	Eine moderne Kleinwohnung bezeichnet man auch mit dem französischen Wort Appartement. 작은 현대식 아파트는 불어로 **아빠르트몽**이라고 한다.	오피스텔
☐ die Einzimmerwohnung	Ich lebe in dieser Einzimmerwohnung seit dem ich 18 bin. 내가 18살 됐을 때부터 이 **원룸**에서 살았다.	원룸

☐ die Zweizimmer-wohnung	Nach der Heirat haben sie sich eine Zweizimmerwohnung gemietet. 결혼 후에 그들은 **방 2칸 아파트**를 월세로 얻었다.	방 2칸 아파트
☐ das Zimmer	Wie viele Zimmer hat die Wohnung? 이 아파트는 **방**이 몇 개입니까? 유의어 der Raum	방
☐ die Küche	Meine Mutter wollte schon immer eine große, weiße Küche. 저희 엄마는 옛날부터 이렇게 크고 하얀 **부엌**을 원하셨습니다.	부엌
☐ die Möbel	Die Möbel in der Wohnung meiner Großeltern sind antik. 우리 조부모님 댁의 **가구**는 앤티크합니다.	가구
☐ der Balkon	Die Wohnung hat einen geräumigen Balkon. 이 아파트는 아주 넓은 **베란다**가 있습니다.	베란다
☐ das Esszimmer	Meine Familie trifft sich jeden Abend im Esszimmer zum gemeinsamen Abendessen. 우리 가족은 매일 저녁마다 **식사하는 방**에서 같이 저녁을 먹기 위해 만난다.	식당 (식사하는 방)
☐ das Bad	Das Bad muss mindestens einmal pro Woche geputzt werden. **욕실**은 적어도 일주일에 한 번은 청소해야 합니다. 유의어 das Badezimmer	욕실
☐ das WC	Wo finde ich das WC, bitte? **화장실**은 어디에 있어요? 유의어 die Toilette, das Klo	화장실

☐ das Gebäude   Das höchste Gebäude in Seoul ist 555 m hoch und hat 123 Stockwerke.   건물

서울의 최고 높은 **건물**은 555 미터 높이이고 123 층입니다.

☐ der Stock   In welchem Stock wohnen deine Eltern?   층

너의 부모님은 몇 **층**에 사시니?

1 다음 그림을 보고 해당 이름을 쓰세요.

①

_____

②

_____

③

_____

④

_____

2 알맞은 동사형을 사용하여 문장을 완성하세요.

① Wir _____ Hunger.

우리는 배가 고파요.

② Du _____ Angst. 너는 무서워한다.

③ Ich _____ viel Geld.

나는 돈이 많아요.

④ Er _____ keine Zeit.

그는 시간이 없어요.

⑤ Ihr _____ Mut. 너희들은 용기가 있다.

⑥ Sie _____ gute Ideen. 그들은 좋은 아이디어가 있다.

✔ **힌트**

haben 동사의 변화

단수	1	ich	habe
	2	du	hast
	3	er/sie/es	hat
복수	1	wir	haben
	2	ihr	habt
	3	sie	haben

3 ①~⑤에 맞는 단어를 쓰세요.

| ① 발코니 | ② 아파트 | ③ 가구 | ④ 층 | ⑤ 방 |

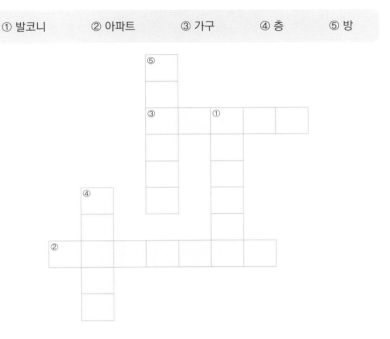

참고 숙어

Man lebt so wie man wohnt, man wohnt so, wie man lebt. (Adalbert Bauwens)

▶ 거주하는 것처럼 살고, 사는 것처럼 거주한다. (아달베르츠 바우벤스)

Wie Menschen denken und leben, so bauen und wohnen sie. (Johann Gottfried von Herder)

▶ 인간이 생각하고 사는 것만큼 건축하고 거주한다. (요한 고트프리트 헤르더)

3 Einrichtung 인테리어

☐ die Einbauküche	Heute wird meine Einbauküche geliefert. 오늘 **맞춤 부엌**이 배달된다.	맞춤 부엌
☐ das Spülbecken	Das Spülbecken ist ein wichtiger Bestandteil der Küche. **싱크대**는 부엌에서 중요한 부분입니다. 유의어 die Spüle	싱크대
☐ der Kasten	Tassen und Untertassen finden Sie im Kasten über dem Spülbecken. 찻잔과 잔 받침은 싱크대 위에 있는 **장**에 있습니다. 유의어 der Schrank	장
☐ der Elektroherd	Ich weiß nicht, ob ich den Elektroherd ausgeschalten habe. **전기 오븐**을 껐는지 안 껐는지 잘 모르겠습니다. 유의어 der Herd	전기 오븐
☐ der Kühlschrank	Stellst du alle Getränke in den Kühlschrank, bitte? 모든 음료수를 **냉장고** 안에 넣어 줄래?	냉장고
☐ die Tiefkühltruhe	Zu Mittag nimmt er sich ein Menü aus der Tiefkühltruhe und wärmt es auf. 점심 때 그는 **냉동실**에서 음식을 꺼내서 데워 먹는다. 유의어 die Gefriertruhe der Gefrierschrank	냉동실
☐ die Speisekammer	Die Speisekammer ist ein kleiner Raum, in dem Nahrungsmittel aufbewahrt werden. **식료품 저장실**은 식료품을 보관하는 작은 방입니다. 유의어 der Vorratsraum die Vorratskammer	식료품 저장실

☐ möbliert	Ist die Wohnung möbliert oder unmöbliert? 그 집에 **가구가 있**나요 아니면 없나요? **반의어** unmöbliert 가구가 없는	가구가 있는
☐ der Parkettboden	Der Parkettboden ist ganz neu. Den haben wir letzten Monat machen lassen. **나무로 된 바닥**은 새것입니다. 지난달에 새로 깔았습니다.	나무로 된 바닥
☐ die Heizung	Die Heizung ist noch warm. Jemand muss sie erst vor kurzem ausgeschaltet haben. **스팀**은 아직 따뜻해. 누가 조금 전에 끈 것 같아.	스팀
☐ die Verkehrs-verbindung	Die Verkehrsverbindung von hier ist optimal: drei Minuten zur U-Bahn. **대중교통 연결**은 최고입니다. 지하철역까지 3분 걸립니다.	대중교통 연결
☐ der Strom	Viele Menschen können ohne Strom nicht mehr leben. 많은 사람이 **전기** 없이 못 삽니다.	전기
☐ das Gas	Die Kosten für Gas sind seit letztem Jahr gestiegen. 작년부터 **가스** 요금이 올랐습니다.	가스
☐ der Boiler	Der alte Boiler wird morgen ausgetauscht. 내일 오래된 **보일러**를 새것으로 갈아요.	보일러
☐ inklusive	Die Miete beträgt 850 Euro inklusive Betriebskosten. 월세는 관리비 **포함해**서 850 유로입니다. **반의어** exklusive 포함 안 된	포함한

☐ die Besichtigung	Die Besichtigung der Wohnung ist am Donnerstag ab 11 Uhr möglich. 아파트 **구경**은 목요일 오전 11시부터 가능합니다.	구경
☐ der Termin	Ich habe morgen einen Termin mit dem Mieter. 내일 집주인과 **약속**을 잡았습니다.	약속, 예약
☐ die Fußboden-heizung	In Korea gibt es in allen Wohnungen Fußbodenheizungen. 한국에는 모든 아파트에 **온돌**이 되어 있습니다.	온돌
☐ das Arbeitszimmer	Das Arbeitszimmer meines Mannes ist im ersten Stock. 제 남편의 **서재**는 1층에 있습니다.	서재
☐ der Bücherschrank	Verkaufe meinen zwei Jahre alten Bücherschrank. 2년 된 **책장**을 판매합니다. 유의어 das Bücherregal	책장
☐ der Tisch	Legen Sie die Dokumente bitte auf den Tisch. Ich sehe sie mir gleich an. 서류를 **탁자**에 올려 놓으세요. 지금 바로 확인해 보겠습니다.	탁자
☐ der Stuhl	Bitte setz dich. Der Stuhl neben mir ist noch frei. 여기 앉아라. 내 옆 **의자**가 비어 있다.	의자

☐ das Sofa

Am Abend liegt sie gerne auf dem Sofa und sieht fern.

그녀는 저녁에 **소파**에 누워서 TV 보는 것을 좋아한다.

유의어 die Couch

소파

☐ das Waschbecken

Pass bitte auf, dass keine Haare ins Waschbecken kommen. Sonst ist es wieder verstopft.

머리카락이 **세면대**에 안 들어가도록 해라. 안 그러면 막힌다.

세면대

☐ der Lift

Der Lift ist kaputt, und ich muss fünf Stockwerke zu Fuß gehen.

엘리베이터는 망가졌고, 나는 5층까지 걸어서 올라가야 한다.

유의어 der Aufzug

엘리베이터

1 다음을 알맞게 연결하세요.

① der Tisch   •

    • ⓐ

② das Sofa   •

    • ⓑ

③ der Bücherschrank •

    • ⓒ

④ der Lift   •

    • ⓓ

⑤ der Kühlschrank   •

    • ⓔ

⑥ das Waschbecken •

    • ⓕ

⑦ der Herd   •

    • ⓖ

2 명사를 연결해서 새로운 단어를 만들어 보세요.

☐ -schlüssel ☐ -korb ☐ -bein ☐ -tür
　열쇠　　　　바구니　　　다리　　　　문

☐ -titel ☐ -zug ☐ -schrank ☐ -glas
　제목　　　기차　　　강　　　　컵, 잔

① Zimmer　　방　　　　　② Tisch　　상

③ Kleider　　옷　　　　　④ Wäsche　　빨래

⑤ Wohnung　아파트　　　⑥ Nacht　　밤

⑦ Buch　　　책　　　　　⑧ Wasser　물

_____　　_____

_____　　_____

_____　　_____

_____　　_____

정답

1　① ⓔ　② ⓖ　③ ⓐ　④ ⓑ　⑤ ⓕ　⑥ ⓒ　⑦ ⓓ
2　① Zimmerschlüssel　② Tischbein　③ Kleiderschrank　④ Wäschekorb
　　⑤ Wohnungstür　⑥ Nachtzug　⑦ Buchtitel　⑧ Wasserglas

참고 숙어

Auf den Tisch gehört der Kuchen, da haben die Füße nichts zu suchen.

▶ 탁자 위는 케이크의 자리이고 발을 올리는 곳이 절대 아닙니다.

Nur tote Fische schwimmen mit dem Strom.

▶ 죽은 물고기만이 강물의 흐름을 따라간다.

☐ **das Postamt**

Ich bringe schnell die Briefe und Pakete ins Postamt.

제가 편지와 소포를 빨리 **우체국**에 갖다 주고 오겠습니다.

유의어 die Post

우체국

☐ **die Apotheke**

Kaufst du in der Apotheke einen Hustensaft für mich, bitte?

약국에 가서 기침약을 하나 사다 줄 수 있겠니?

약국

☐ **die Bank**

In der Bank kannst du ein Studentenkonto eröffnen.

은행에 가면 학생 계좌를 만들 수 있어.

은행

☐ **die Reinigung**

Es tut mir so leid, dass deine Hose schmutzig geworden ist. Ich werde sie für dich in die Reinigung bringen.

너의 바지가 더러워져서 무척 미안해. **세탁소**에 맡길게.

세탁소

☐ **das Amt**

Das Amt für Ausländerangelegenheiten ist Montag bis Freitag von 8 -12 Uhr geöffnet.

외국인 **청**은 월요일부터 금요일까지 오전 8시부터 오후 12시까지 엽니다.

관공서

☐ **die Polizeistation**

Mein Mann musste gestern zur Polizeistation fahren und unseren Sohn abholen.

어제 우리 남편은 **경찰서**에 가서 우리 아들을 데리고 와야 했다.

경찰서

☐ **die Feuerwehr**

Die Feuerwehr hat viel zu tun, denn nicht nur Feuer löschen gehört zu ihren Aufgaben.

소방대원들은 일이 많습니다. 왜냐하면 그들은 불 끄는 일만 하는 것이 아니기 때문입니다.

소방서, 소방대

☐ das Krankenhaus	Mein Cousin arbeitet im Krankenhaus. Er ist ein Oberarzt. 사촌이 **병원**에서 근무합니다. 그는 병원장입니다. 유의어 die Klinik, das Spital, das Hospital	병원
☐ die Schule	Ich freue mich schon auf die Ferien. Da muss ich nicht jeden Morgen in die Schule gehen. 방학을 기대하고 있습니다. 그러면 매일 아침에 **학교**에 가지 않아도 됩니다.	학교
☐ das Kaufhaus	Vor Weihnachten gibt es sehr viele Menschen im Kaufhaus. 크리스마스 전에는 **백화점**에 사람이 너무 많습니다. 유의어 das Einkaufszentrum	백화점, 쇼핑센터
☐ der Kindergarten	Ich bringe meine kleine Schwester in den Kindergarten. 제가 어린 여동생을 **유치원**에 데려다줍니다.	유치원
☐ das Schwimmbad	Für das Schwimmbad habe ich eine Saisonkarte. 저는 **수영장** 시즌 회원권이 있습니다.	수영장
☐ der Bahnhof	Wir treffen uns diesen Samstag am Bahnhof um 11 Uhr. 우리는 이번 주 토요일 **기차역** 안의 승차권 자판기 앞에서 오전 11시에 만납니다.	기차역
☐ der Flughafen	Auf Grund von Schnee konnten keine Flieger starten, und der Flughafen war voll von Reisenden. 폭설 때문에 비행기들이 떠나지 못하고 **공항**은 여행자들로 꽉 차 있었습니다.	공항

☐ die Bushaltestelle	Kannst du mich morgen Abend von der Bushaltestelle abholen, bitte? 내일 저녁에 **버스 정류장**에 데리러 올 수 있니?	버스 정류장
☐ schicken	Ich möchte bitte dieses Paket schicken. Können Sie mir sagen, was das kostet? 이 소포를 **보내고** 싶은데 얼마인지 알려 주실 수 있나요? 유의어 senden	보내다
☐ einwerfen	Ich klebe die Briefmarken auf und werfe die Postkarten in den Postkasten ein. 우표를 붙인 후에 엽서를 우체통**에 넣었다**.	~에 넣다
☐ melden	Wenn Sie umziehen, müssen Sie das so schnell wie möglich melden. 이사할 경우 전입 **신고**를 빨리 해야 한다.	신고하다, 등록하다

1 아래의 단어를 찾아보세요.

C	W	Z	O	F	U	L	P	O	S	T	A	M	T	O
O	Q	K	F	G	B	Z	J	S	U	C	G	S	U	D
V	I	R	Z	N	U	U	B	A	N	K	H	K	H	C
S	S	A	R	O	S	D	T	U	M	O	X	X	E	D
W	G	N	V	H	H	C	F	K	H	R	S	W	I	D
G	J	K	P	Q	A	V	L	L	G	M	C	C	N	O
A	I	E	Q	Q	L	O	U	V	R	L	H	A	W	B
P	R	N	T	O	T	F	G	N	E	X	U	K	E	D
O	K	H	Y	E	E	F	H	Q	I	J	L	W	R	Z
T	M	A	T	T	S	U	A	V	N	B	E	N	F	V
H	O	U	R	J	T	R	F	E	I	N	R	M	E	S
E	B	S	Z	O	E	U	E	G	G	U	W	J	N	F
K	Z	H	G	C	L	K	N	E	U	J	C	H	C	G
E	G	H	T	M	L	I	U	Y	N	Q	A	M	T	I
H	P	N	K	E	E	E	M	J	G	X	C	W	T	P

① FLUGHAFEN　　② BUSHALTESTELLE
③ EINWERFEN　　④ POSTAMT
⑤ APOTHEKE　　⑥ BANK
⑦ REINIGUNG　　⑧ KRANKENHAUS
⑨ AMT　　⑩ SCHULE

2 다음 문장에서 동사를 표시하세요.

① Wie komme ich zur Post?

우체국은 어떻게 가나요?

② Jeden Morgen fahre ich mit dem Bus in die Arbeit.

저는 매일 아침에 버스로 출근합니다.

③ Entschuldigung, wo finde ich die Bank?

실례합니다, 은행이 어디 있어요?

④ Kannst du mir sagen, wo es hier ein Kaufhaus gibt?

백화점이 어디에 있는지 알려 줄 수 있니?

⑤ Ist dort das Krankenhaus?

저기가 병원입니까?

3 알맞은 동사형을 사용하여 문장을 완성하세요.

① Sie _____ Kinder. 그들은 아이들이다.

② Es _____ kalt. 날씨가 춥습니다.

③ Du _____ schön. 너는 예쁘다.

④ Ich _____ müde. 나는 피곤하다.

⑤ Sie _____ groß. 그녀는 키가 크다.

⑥ Ihr _____ meine Freunde.

너희들은 나의 친구들이다.

✓ 힌트		
haben 동사의 변화		
단수	1 ich	bin
	2 du	bist
	3 er/sie/es	ist
복수	1 wir	sind
	2 ihr	seid
	3 sie	sind

정답

2 ① Wie komme ich zur Post?

② Jeden Morgen fahre ich mit dem Bus in die Arbeit.

③ Entschuldigung, wo finde ich die Bank?

④ Kannst du mir sagen, wo es hier ein Kaufhaus gibt?

⑤ Ist dort das Krankenhaus?

3 ① sind ② ist ③ bist ④ bin ⑤ ist ⑥ seid

ESSEN UND TRINKEN

음식과 음료수

1 Lebensmittel 식재료

`Track 09`

☐ das Lebensmittel	Lebensmittel sind grundlegende Produkte, die man für das Leben braucht. 식재료는 삶에 필요한 기본적인 물품입니다. 유의어 das Nahrungsmittel	식재료
☐ das Brot	Zu Mittag aß ich ein Brot mit Wurst und Käse. 점심 때 소시지와 치즈가 든 **빵**을 먹었어.	빵
☐ die Milch	Am liebsten trinke ich warme Milch. Und du? 나는 따뜻한 **우유** 마시기를 제일 좋아해. 너는?	우유
☐ der/das Joghurt	Möchtest du einen Joghurt mit Waldbeeren oder mit Banane? 산딸기 들어 있는 **요구르트** 먹을래, 바나나 들어 있는 **요구르트** 먹을래?	요구르트
☐ das Ei	Wie möchten Sie Ihr Ei? Weich oder hart gekocht? **계란**은 어떻게 해 드릴까요? 반숙 아니면 완숙?	계란
☐ die Marmelade	Zur Auswahl gibt es Marillen-, Erdbeer- oder Blaubeermarmelade. 선택할 수 있는 **잼**은 살구, 딸기 또는 블루베리입니다. 유의어 die Konfitüre	잼
☐ der Zucker	Ich trinke meinen Kaffee immer mit zwei Stück Zucker. 저는 항상 커피에 **설탕** 2개를 넣어 마십니다.	설탕
☐ das Salz	Kann ich bitte das Salz haben? Das Essen schmeckt fade. **소금** 좀 주세요. 음식이 좀 싱거워요.	소금

☐ der Honig	Honig ist ein hergestelltes Produkt der Honigbienen aus Blütennektar. 꿀은 꿀벌들이 꽃가루로 만들어 낸 제품입니다.	꿀
☐ das Müsli	Zum Frühstück esse ich eine Schüssel Müsli mit Milch und trinke eine Tasse Tee. 아침에는 우유와 **뮤즐리**를 한 그릇 먹고 차를 한 잔 마십니다.	뮤즐리 (곡물, 견과류, 말린 과일을 섞은 시리얼)
☐ der Pfeffer	Es gibt verschiedene Arten von Pfeffer: grüner, schwarzer, roter und weißer Pfeffer. 여러 가지 종류의 **후추**가 있습니다: 초록, 검정, 빨강 그리고 백색 **후추**.	후추
☐ das Gewürz	Die koreanische Küche verwendet eine Reihe von verschiedenen Gewürzen. 한식은 여러 종류의 **양념**을 사용합니다.	양념
☐ der Schinken	Die meisten Sorten von Schinken werden aus Schweinefleisch hergestellt. 대부분의 **햄**은 돼지고기로 만들어졌습니다.	햄
☐ das Fleisch	Meine Familie isst sehr viel Fleisch, mindestens dreimal in der Woche. 우리 가족은 **고기**를 많이 먹습니다. 적어도 일주에 3번.	고기
☐ der Fisch	In Europa ist es üblich, am Freitag Fisch zu essen. 유럽에서는 보통 금요일에 **생선**을 먹습니다.	생선
☐ die Wurst	Haben wir noch Wurst im Kühlschrank? Ich möchte mir ein Wurstbrötchen machen. 우리 냉장고에 아직 **소시지** 남아 있나? 소시지 빵을 만들어 먹고 싶어서.	(잘라 먹는) 소시지

☐ der Käse

Am Bauernhof wird auch Käse hergestellt. Dieser hier schmeckt besonders würzig.

농장에서는 **치즈**도 만들어요. 이 치즈는 아주 맛이 좋아요.

치즈

☐ das Mehl

In der Getreidemühle wird das Mehl zu Pulver gemahlen.

제분기에서 **밀가루**가 가루로 만들어집니다.

밀가루

☐ das Milchprodukt

Milchprodukte finden Sie am Ende dieses Ganges auf der linken Seite.

유제품은 이 복도 끝 왼쪽에 있습니다.

유제품

1 알맞은 동사형을 표시하세요.

	ich	du	er/sie/es	wir	ihr	sie
① frühstückst		×				
② kaufe						
③ essen						
④ sind						
⑤ trinkt						
⑥ schmecke						
⑦ kochen						

2 정관사/부정관사 표를 완성하세요.

	1격	2격	3격	4격
남성	de☐	de☐	de☐	de☐
여성	di☐	de☐	de☐	di☐
중성	da☐	de☐	de☐	da☐
복수	di☐	de☐	de☐	di☐

	1격	2격	3격	4격
남성	ein☐	ein☐	ein☐	ein☐
여성	ein☐	ein☐	ein☐	ein☐
중성	ein☐	ein☐	ein☐	ein☐

3 빈칸에 알맞은 동사형을 고르세요.

(1) Ich _____ gern Pizza oder Pommes.

나는 피자와 감자튀김을 즐겨 먹는다.

① essen   ② esse   ③ isst

(2) Wann _____ du endlich das Buch?

너는 언제 책을 읽을 거니?

① liest   ② liesst   ③ lesen

(3) Schade, ihr _____ nie Zeit für mich.

유감스럽게 너희들은 나를 위해 놀 시간이 없다.

① haben   ② habt   ③ habe

(4) Unser Baby _____ sehr wenig.

우리 아기는 매우 조금 잔다.

① schlaft   ② schlafen   ③ schläft

(5) Bitte _____ Sie langsam.

천천히 말해 주세요.

① sprichst   ② spricht   ③ sprechen

4 다음 문장의 인칭을 바꾸어서 쓰세요. (동사 변화 주의)

① Ich lerne seit drei Monaten Deutsch.

나는 독일어 배운 지 3개월이 됐다.

➡ Wir _____

② Er möchte im Sommer nach Paris fahren.

그는 여름에 파리에 가기를 원한다.

➡ Sie _____

③ Haben Sie heute schon etwas gegessen?

오늘 뭐 좀 드셨나요?

➡ _____ du _____

④ Wir holen dich morgen um 11 Uhr ab.

우리는 너를 내일 오전 11시에 데리러 갈게.

➡ Ich _____

⑤ Sie sind in der Schule.

그들은 학교에 있다.

➡ Er _____

1 ① du ② ich ③ wir, sie ④ wir, sie ⑤ er/sie/es, ihr ⑥ ich ⑦ wir, sie

2

	1격	2격	3격	4격
남성	der	des	dem	den
여성	die	der	der	die
중성	das	des	dem	das
복수	die	der	den	die

	1격	2격	3격	4격
남성	ein	eines	einem	einen
여성	eine	einer	einer	eine
중성	ein	eines	einem	ein

3 (1) ② esse (2) ① liest (3) ② habt (4) ③ schläft (5) ③ sprechen

4 ① Wir lernen seit drei Monaten Deutsch.

② Sie möchten im Sommer nach Paris fahren.

③ Hast du heute schon etwas gegessen?

④ Ich hole dich morgen um 11 Uhr ab.

⑤ Er ist in der Schule.

2 Obst 과일

☐ das Obst	Frisches Obst liefert lebenswichtige Vitamine. 싱싱한 **과일**은 삶에 필수적인 비타민을 공급합니다. **유의어** die Früchte (단수: die Frucht)	과일
☐ der Apfel	In Deutschland allein gibt es über 2000 verschiedene Sorten Äpfel. 독일에만 해도 **사과**의 종류가 2000개가 넘습니다.	사과
☐ die Banane	Meine Kinder essen gerne Bananen, daher kaufe ich immer viele. 아이들이 **바나나**를 좋아해서 저는 항상 많이 삽니다.	바나나
☐ die Birne	Ich trinke gerne Birnensaft, aber ich esse nicht so gerne Birnen. 배 주스는 즐겨 마시지만 **배**는 즐겨 먹지 않습니다.	배
☐ die Orange	Orangen mag ich gerne. Die kann ich immer essen. **오렌지**를 좋아합니다. 오렌지는 항상 먹을 수 있어요.	오렌지
☐ die Mandarine	Willst du wirklich 10 Kilo Mandarinen kaufen? Wer soll das denn tragen? 정말 10kg **귤**을 살 거야? 누가 들고 가라는 거지?	귤
☐ der Pfirsich	Es ist nicht einfach einen Pfirsich zu schneiden. **복숭아**를 자르는 것은 쉽지 않습니다.	복숭아
☐ die Pflaume	Pflaumen sind violett und haben einen großen Kern in der Mitte. **자두**는 보라색이며 중간에 큰 씨가 있습니다.	자두
☐ die Melone	Die Melonen schmecken süßlich, sind aber noch nicht ganz gereift. **멜론**은 달콤하지만 아직 다 익지 않았습니다.	멜론

die Wassermelone	Im Sommer schmecken gekühlte Wassermelonen besser als Eis. 여름에는 차가운 **수박**이 아이스크림보다 더 맛있습니다. 유의어 die Melone	수박
die Erdbeere	Warst du schon mal im Erdbeerland? Dort kann man so viele Erdbeeren essen, wie man will. 딸기랜드에 가 본 적이 있니? 거기서는 **딸기**를 먹고 싶은 만큼 먹어도 돼. 참고 die Himbeere 라즈베리	딸기
die Zitrone	Möchten Sie auch einen Tee mit Zitrone? 당신도 **레몬**이 들어간 차 한잔하시겠어요? 참고 die Limette 라임	레몬
die Kiwi	Kiwis enthalten nicht nur Vitamine, sondern auch Kalzium, Magnesium, Kalium und Eisen. **키위**는 비타민뿐만 아니라 칼슘, 마그네슘, 칼륨과 철분이 들어 있습니다.	키위
die Ananas	Eine frische Ananas ist lecker. Aber wirklich schwer zu schälen. 싱싱한 **파인애플**은 맛있다. 그러나 벗기기 너무 힘들다.	파인애플
die Traube	Kernlose Trauben gibt es heute im Angebot. 오늘 씨 없는 **포도**를 싸게 팝니다. 참고 die Weintraube	포도
die Feige	In Griechenland habe ich zum ersten Mal Feigen gegessen. 그리스에서 처음으로 **무화과**를 먹었다.	무화과

□ die Aprikose

Ich finde Aprikosen schmeckt als Marmelade am besten.

살구는 잼으로 먹는 것이 제일 맛있는 것 같아요.

유의어 die Marille

살구

□ die Kirsche

Die Kirsche schmeckt säuerlich   und süß.

앵두는 새콤달콤한 맛이 난다.

참고 die Sauerkirsche

앵두

□ die Heidelbeere

Kaufst du mir ein Joghurt mit Heidelbeere, bitte?

블루베리 요구르트를 사다 줄래?

유의어 die Blaubeere

블루베리

68

1 빈칸을 채우세요.

> die Traube, die Wassermelone, die Banane, die Birne, der Apfel,
>
> die Kirsche, die Zitrone, die Erdbeere, die Ananas, die Orange

① _____

② _____

③ _____

④ _____

⑤ _____

⑥ _____

⑦ _____

⑧ _____

⑨ _____

⑩ _____

2 분리 동사와 비분리동사를 구분하여 쓰세요.

anrufen	umziehen	vergessen	besuchen
weggehen	studieren	einkaufen	fahren
aufmachen	ankommen	aufstehen	mitkommen
bekommen	sehen	leben	gelingen

분리 동사		비분리 동사	
①	②	ⓐ	ⓑ
③	④	ⓒ	ⓓ
⑤	⑥	ⓔ	ⓕ
⑦	⑧	ⓖ	ⓗ

3 단수/복수형을 빈칸에 쓰세요.

단수	복수
die Traube	①
②	die Äpfel
die Zitrone	③
④	die Bananen
die Wassermelone	⑤
⑥	die Ananas(se)
die Orange	⑦
⑧	die Birnen
die Erdbeere	⑨
⑩	die Aprikosen
die Feige	⑪
⑫	die Pfirsiche
der Kiwi	⑬
⑭	die Mandarinen

정답

1　① die Birne　② die Zitrone　③ der Apfel　④ die Banane　⑤ die Erdbeere
　　⑥ die Orange　⑦ die Wassermelone　⑧ die Ananas　⑨ die Traube　⑩ die Kirsche
2　① anrufen　② umziehen　③ weggehen　④ einkaufen　⑤ aufmachen　⑥ ankommen
　　⑦ aufstehen　⑧ mitkommen
　　ⓐ vergessen　ⓑ besuchen　ⓒ studieren　ⓓ fahren　ⓔ bekommen　ⓕ sehen
　　ⓖ leben　ⓗ gelingen
3　① die Trauben　② der Apfel　③ die Zitronen　④ die Banane　⑤ die Wassermelonen
　　⑥ die Ananas　⑦ die Orangen　⑧ die Birne　⑨ die Erdbeeren　⑩ die Aprikose
　　⑪ die Feigen　⑫ der Pfirsich　⑬ die Kiwis　⑭ die Mandarine

참고 숙어

Der Apfel fällt nicht weit vom Stamm.

▶ 그 아버지에 그 아들(피는 못 속인다.)

Die Kirschen in Nachbars Garten schmecken immer süßer.

▶ 남의 떡이 더 커 보인다.

70

3 Gemüse 채소

☐ das Gemüse	Welches Gemüse isst du denn gerne? 너는 어떤 **채소**를 좋아하니?	채소, 야채
☐ die Kartoffel	Kartoffeln kann man auf zahlreiche Varianten zubereiten. **감자**는 여러 방법으로 요리할 수 있다.	감자
☐ die Zwiebel	Die Zwiebel gehört zu den ältesten Kulturpflanzen der Menschen. **양파**는 인류의 제일 오래된 재배 식물 중 하나입니다.	양파
☐ der Knoblauch	Knoblauch wurde in Deutschland im Jahre 1989 als Arzneipflanze des Jahres auserwählt. **마늘**은 1989년 독일에서 그 해의 약초로 뽑혔습니다.	마늘
☐ die Paprika	Mit Paprika in verschiedenen Farben, kann man Speisen bunter gestalten. 여러 색의 **파프리카**로 음식을 색다르게 장식할 수 있습니다.	파프리카
☐ die Karotte	Karotten esse ich am liebsten roh. **당근**은 생으로 먹는 것을 선호합니다. 유의어 die Möhre	당근
☐ die Tomate	Für den Tomatensalat brauche ich Tomaten, Zwiebeln und Basilikum. 토마토 샐러드를 하려면 **토마토**, 양파와 바질이 필요합니다.	토마토
☐ die Gurke	Die Gurke in unserem Garten ist ein Meter lang gewachsen. 우리 정원의 **오이**는 1미터까지 자랐어.	오이
☐ der Rettich	Der Rettich ist reich an Vitamin C. **무**는 비타민 C가 많습니다.	무

☐ die Bohne	Sojabohnen gehören zu der Familie der Bohnen. 콩나물은 **콩**류에 속한다.	콩
☐ der Spinat	Iss den Spinat, dann wirst du groß und stark. **시금치**를 먹으면 키도 크고 강해진다.	시금치
☐ der Salat	Mit Salat meint man auch Salatpflanzen, wie Kopfsalat oder Eisbergsalat. **샐러드**는 샐러드용 야채, 즉 상추와 양상추 같은 것을 말하는 것이다.	샐러드
☐ der Kohl	Salat aus Kohl wird Krautsalat genannt, oder auch „Coleslaw". **양배추**로 만든 샐러드는 'Krautsalat' 또는 코울슬로 라고 한다. **참고** der Chinakohl 배추	양배추
☐ der Lauch	Hast du schon mal die Spezialität Lauchtorte probiert? 특식 **대파** 케이크를 먹어 보았니?	대파
☐ die Aubergine	„Aubergine" wird französisch ausgesprochen, stammt aber aus Asien. '**오버진**'은 불어로 발음하지만 동양 산이다. **유의어** die Eierfrucht	가지
☐ die Zucchini	Zucchini bedeutet auf Italienisch „kleiner Kürbis". **주키니**는 이탈리아어로 '작은 호박'이라는 뜻입니다.	서양 호박
☐ der Kürbis	Zu Halloween ist es Brauch, Kürbisse auszuhöhlen und daraus Laternen zu machen. **핼러윈** 때 **호박**을 파서 등불을 만드는 것이 풍습입니다.	호박

☐ der Spargel

Der Spargel ist nicht nur für Genießer.

아스파라거스는 미식가들 위한 것만이 아니다.

유의어 der Gemüsespargel

아스파라거스

1 빈칸을 채우세요.

> die Tomate, die Bohne, die Karotte, der Mais, der Salat, die Aubergine,
>
> die Gurke, die Paprika, die Zwiebel, die Kartoffel

① _____

② _____

③ _____

④ _____

⑤ _____

⑥ _____

⑦ _____

⑧ _____

⑨ _____

⑩ _____

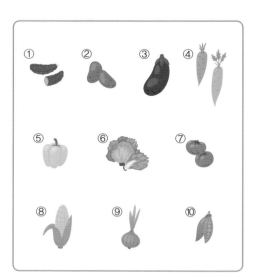

2 명사의 4격을 쓰세요.

1격 (은/는, 이/가)	4격 (을/를)
① die Gurke	
② der Mais	
③ das Essen	
④ der Vater	
⑤ die Kartoffel	
⑥ das Haus	
⑦ die Zwiebeln	

3 다음이 설명하는 채소 이름을 쓰세요.

① Ich bin lila. ➡ _____

② Ich bin braun und beginne mit „K". ➡ _____

③ Ich bin rot und rund. ➡ _____

④ Ich bin lang und grün. ➡ _____

⑤ Ich bin grün und mache stark. ➡ _____

⑥ Ich bin weiß und scharf. ➡ _____

발음 연습

Im Keller kühlt Konrad Kohlköpfe aus Kassel.

▶ 지하에 콘라트가 카셀에서 온 양배추를 냉장 보관한다.

Kohlköpfe aus Kassel kühlt Konrad im Keller.

▶ 카셀에서 온 양배추를 콘라트가 지하에 냉장 보관한다.

4 Speisen 음식

□ die Speise	Bitte schreiben Sie hier auf, welche Speisen und Getränke Sie nicht mögen. 좋아하지 않는 **음식**과 음료수를 여기에 쓰시오.	음식
□ die Lieblingsspeise	Meine Lieblingsspeise ist Sauerbraten. Meine Mama macht den besten. 제가 **제일 좋아하는 음식**은 사우어브라튼입니다. 저의 엄마 것이 최고입니다.	제일 좋아하는 음식
□ die Cremesuppe	Das heutige Menü beginnt mit einer Cremesuppe. 오늘의 메뉴는 **크림 수프**로 시작합니다.	크림 수프
□ die Gemüsesuppe	Ich mag Gemüsesuppen nicht, denn ich mag kein Gemüse. **야채 수프**는 안 좋아해. 왜냐하면 나는 야채를 좋아하지 않아서야.	야채 수프
□ die Nudelsuppe	Nudelsuppen finde ich sehr lecker. Davon esse ich immer zwei Teller. **누들 수프**는 아주 맛있다고 생각해. 누들 수프는 항상 두 그릇 먹어.	누들 수프
□ das Würstchen	Gehen wir zum Imbiss und holen uns ein Würstchen? 우리 임비스에 가서 **작은 소시지** 사 먹을까? 참고 **der Imbiss** 임비스(간단한 식사를 사서 먹을 수 있는 작은 가게 또는 음식 트럭)	(작은) 소시지
□ das Schnitzel	Willst du ein normales Schnitzel oder eins mit Schinken und Käse? 일반 **돈가스** 먹을래 아니면 햄과 치즈가 들어간 돈가스를 먹을래?	돈가스

☐ die Beilage	In Korea isst man normalerweise Reis mit Beilagen, wie Kimchi oder Fleisch. 한국에서는 보통 밥과 김치 또는 고기 같은 **반찬**을 먹는다.	반찬
☐ die Schweinshaxe	Schweinshaxe schmecken am besten beim Haxnbauer in München. 뮌헨의 하슨바우어 식당에서는 **돼지 족발**이 제일 맛있습니다.	돼지 족발
☐ der Sauerbraten	Ich finde, der Sauerbraten von meiner Mutter ist Weltklasse. 제 생각에는 우리 엄마의 **사우어브라튼** 요리가 세계 최고입니다.	사우어 브라튼 (식초에 절인 고기)
☐ das Fischfilet	In diesem Restaurant gibt es Fischfilets, die mein Opa gerne isst. 이 식당에는 우리 할아버지가 즐겨 드시는 **생선 가스**가 있습니다.	생선 가스
☐ das gebackene Hühnchen	Ich bin einverstanden mit gebackenen Hühnchen heute Abend. 오늘 저녁에 **구운 닭고기** 먹는 것에 동의합니다.	구운 닭
☐ der Hamburger	Der Hamburger steht auf dem Esstisch und die Nachspeise im Kühlschrank. **햄버거**는 식탁 위에 있고 후식은 냉장고에 있다.	햄버거
☐ das Steak	A: Wie möchten Sie Ihr Steak? B: Durchgebraten bitte. A: **스테이크**는 어떻게 원하십니까? B: 웰 던으로 해 주세요.	스테이크

☐ die Pommes

Die Schnitzel gibt es mit Pommes oder mit Kartoffelsalat.

돈가스는 **감자튀김** 아니면 감자 샐러드와 같이 나옵니다.

유의어 die Pommes frites

감자튀김

☐ die Nachspeise

Warum möchtest du heute keine Nachspeise?

오늘은 **후식** 안 먹고 싶니?

후식

☐ die Spezialität

Bulgogi ist eine Spezialität aus Korea, die Sie unbedingt probieren müssen.

불고기는 한국의 **유명한 음식**입니다. 꼭 한번 드셔 보세요.

유명한 음식

1 아래의 단어를 찾아서 표시하세요.

```
              M X U M X
            H A M B U R G E R
          W N D H V Z J W M K V
        H Y G E M Ü S E S U P P E
        Z K B D B G V V H Q S Ü L
      D M H X Y E T K H Ü Ü E F J A
      S T V Ü R T J W T H X K Z S F
      P J E Ü M R G Ü J N P K B Z S
      A D Y K E P D R Z C P P U S Y
    M P I L G N Ü S P H S O Z B I
        F S C H N I T Z E L M K Y
        Q M X H N Ü C F N X M E V
          Ü F I S C H F I L E T
          D J U W E G G K S
            O R N R A
```

① POMMES   ② FISCHFILET

③ WÜRSTCHEN   ④ SCHNITZEL

⑤ HÜHNCHEN   ⑥ HAMBURGER

⑦ GEMÜSESUPPE

2 다음을 참고하여 1, 2, 3, 4격을 연습하세요.

	1격	2격	3격	4격
남성	der Löffel 숟가락	des Löffels	dem Löffel	den Löffel
여성	die Gabel 포크	der Gabel	der Gabel	die Gabel
중성	das Messer 칼	des Messer	dem Messer	das Messer
복수	die Teller 접시	der Teller	den Tellern	die Teller

① der Gast 손님   ② die Küche 부엌

③ das Menü 메뉴   ④ die Hände 손(복수)

정답

2 ① der Gast, des Gastes, dem Gast, den Gast
  ② die Küche, der Küche, der Küche, die Küche
  ③ das Menü, des Menüs, dem Menü, das Menü
  ④ die Hände, der Hände, den Händen, die Hände

식사 예절

Auf dem Tisch liegt die Gabel links, das Messer und der Löffel rechts vom Teller.

▶ 식탁 위에서 왼쪽에는 포크, 오른쪽에는 칼과 숟가락을 놓는다.

Beim Essen legt man die linke Hand neben dem Teller.

▶ 식사할 때 왼손은 접시 옆에 올려 놓는다.

Die Arme bleiben am Körper

▶ 양팔은 몸 가까이 한다.

5 Getränke 음료수

der Saft	Kinder sollten nicht so viel Saft trinken, sondern Wasser. 어린이는 **주스**보다 물을 많이 마셔야 합니다.	주스
der Apfelsaft	In Korea gibt es einen Apfelsaft, der mit Äpfeln aus Österreich hergestellt wird. 한국에는 오스트리아 사과로 만든 **사과주스**가 있습니다.	사과주스
der Orangensaft	Jeden Morgen trinke ich immer ein Glas Orangensaft zum Frühstück 저는 매일 아침에 아침을 먹을 때 **오렌지주스** 한 잔을 마십니다.	오렌지주스
der Kaffee	Ich mag meinen Kaffee schwarz, aber meine Frau trinkt lieber Milchkaffee. 저는 블랙**커피**를 즐겨 마시지만, 제 부인은 밀크커피를 더 좋아합니다.	커피
der Tee	Diese Frau sammelt Kräuter und macht daraus verschiedene Arten von Tee. 이분은 허브를 모아서 여러 가지의 **차**를 만듭니다.	차
der Kräutertee	Kräutertee kann man im Sommer auch in den Kühlschrank stellen und kalt trinken. 여름에는 **허브 차**를 냉장고에 넣었다가 차갑게 마셔도 됩니다.	허브차
der Kamillentee	Trink doch einen Kamillentee. Der beruhigt und hilft gegen Bauchschmerzen. **캐모마일 차**를 마셔라. 진정시키는 효과가 있고 배 아플 때 좋아.	캐모마일 차

☐ der Schwarztee	Die bekanntesten vier Sorten von Schwarztee sind: Darjeeling, Assam, Ceylon und Earl Grey. 홍차의 많이 알려진 4가지 종류는 다르질링, 아삼, 실론과 얼그레이입니다.	홍차
☐ die Limonade	Heute haben wir eine Limonade aus Zitronen selbst gemacht. 우리는 오늘 레몬으로 레모네이드를 직접 만들었습니다.	레모네이드
☐ das Wasser	Man sollte täglich 2,5 Liter Wasser trinken, aber das ist nicht so einfach. 하루에 2.5리터 물을 마시라고 하지만, 그것은 그렇게 쉬운 것은 아니다.	물
☐ das Leitungswasser	Kann man in Deutschland das Leitungswasser trinken? 독일에서는 수돗물을 마실 수 있나요?	수돗물
☐ das Mineralwasser	Mein Kind trinkt nur prickelndes Mineralwasser, ist das nicht erstaunlich? 제 아이는 탄산수만 마십니다. 정말 신기하지요?	탄산수
☐ das Bier	Und am Abend gehen wir dann gemeinsam ein Bier trinken, einverstanden? 그리고 저녁에는 같이 맥주 한잔 마시러 가자, 괜찮지?	맥주
☐ das alkoholfreie Bier	Sonst kannst du ja auch ein alkoholfreies Bier trinken. 안 그러면 무알코올 맥주를 마셔도 되잖아.	무알코올 맥주

☐ der Wein | Deutschland zählt zu den 10 größten Weinproduzenten der Welt. | 와인

독일은 세계의 **와인** 최다 생산 10개국 중의 한 나라입니다.

참고 der Weißwein 화이트 와인
der Rotwein 레드 와인

☐ die Cola | Jeder weiß, dass Cola ungesund ist, aber wenn man einen Hamburger isst, dann gehört die Cola schon dazu. | 콜라

콜라가 건강에 안 좋은 것은 누구나 알지만, 햄버거를 먹을 때는 **콜라**를 마셔야지요.

☐ die heiße Schokolade | Möchten Sie die heiße Schokolade mit oder ohne Sahne? | 핫초코

핫초코를 생크림과 같이 드릴까요 아니면 빼고 드릴까요?

유의어 der Kakao
참고 die Sahne 생크림

1 다음을 참고하여 문장을 완성하세요.

> fahren　　gehen　　haben　　arbeiten　　bleiben　　denken

① Ich ＿＿＿＿＿＿ jetzt nach Hause. Und wann ＿＿＿＿＿＿ du?

나는 이제 집에 간다. 너는 언제 가니?

② Sie ＿＿＿＿＿＿ großen Hunger und Durst. (복수)

그들은 배가 많이 고프고 목이 마르다.

③ Wir ＿＿＿＿＿＿ heute zu Hause, denn es ist kalt.

우리는 오늘 추워서 그냥 집에 있다.

④ ＿＿＿＿＿＿ du morgen nicht?

내일 일하지 않니?

⑤ Ihr ＿＿＿＿＿＿ oft ins Kino

너희들은 자주 영화관에 간다.

⑥ Er ＿＿＿＿＿＿ den ganzen Tag an sie.

그는 하루 종일 그녀를 생각한다.

> ✓ **힌트**
> 과거 부사 (Partizip II)
> 규칙 동사: ge + 동사 어간 + t

2 다음 동사의 과거 부사를 쓰세요.

① kaufen　　＿＿＿＿＿＿＿＿＿＿＿

② wohnen　　＿＿＿＿＿＿＿＿＿＿＿

③ lernen　　＿＿＿＿＿＿＿＿＿＿＿

④ arbeiten　　＿＿＿＿＿＿＿＿＿＿＿

⑤ suchen　　＿＿＿＿＿＿＿＿＿＿＿

3 ①~⑥에 맞는 단어를 쓰세요.

① 물   ② 홍차   ③ 콜라   ④ 사과주스   ⑤ 와인   ⑥ 커피

☐ der Gast	Heute sind Sie meine Gäste. Fühlen Sie sich bitte wie zu Hause. 오늘은 저의 **손님**이십니다. 집이라고 생각하십시오.	손님
☐ das Restaurant	Ich habe schon im Restaurant angerufen und einen Tisch für uns reserviert. 제가 **식당**에 전화해서 우리를 위해 테이블을 예약했습니다.	식당
☐ die Speisekarte	Auf der letzten Seite der Speisekarte finden Sie das Menü des Tages. **차림표**의 마지막 페이지에는 오늘의 메뉴가 적혀 있습니다. 참고 das Menü 메뉴, 요리	차림표
☐ bestellen	Bestellst du für mich? Ich muss noch schnell auf die Toilette. 나 대신 **주문해** 줄래? 화장실에 다녀와야 해서.	주문하다
☐ das Tagesmenü	Nehmen wir also das Tagesmenü? Schweinsfilet mit Pilzsoße und Bratkartoffeln? 우리 **오늘의 메뉴**를 시킬까? 버섯 소스 돼지고기 구이와 구운 감자?	오늘의 메뉴
☐ die Vorspeise	Als Vorspeise empfehle ich grünen Spargel mit Mozzarella. **전채요리**로는 녹색 아스파라거스와 모차렐라를 추천드립니다. 참고 die Mozzarella 모차렐라 치즈	전채요리
☐ die Hauptspeise	Du kannst doch nicht nur Pommes mit Ketchup als Hauptspeise essen, das geht nicht! **주요리**로 감자튀김과 토마토케첩만 먹을 수는 없지, 그건 안 돼!	주요리

☐ zum Trinken	A: Was möchten Sie denn zum Trinken? B: Eine Cola, bitte. A: **음료**는 무엇으로 하시겠습니까? B: 콜라 주세요.	음료, 마실 것
☐ zum Essen	Und zum Essen? Wissen Sie das auch schon? 그럼 **식사**로는요? 벌써 고르셨나요?	식사, 먹을 것
☐ schmecken	Schmeckt es Ihnen? Ich hoffe Sie sind zufrieden. **맛있**나요? 만족하셨으면 좋겠습니다.	맛나다, 맛있다
☐ empfehlen	Das Gulasch, das Sie mir empfohlen haben, war fantastisch. **추천하신** 굴라시가 환상적이었습니다.	추천하다
☐ Tisch reservieren	Guten Tag, ich möchte auf den Namen „Huber" einen Tisch für fünf Personen reservieren. 안녕하세요. '후버' 이름으로 5명 **예약하고** 싶습니다.	(테이블) 예약하다
☐ beschweren	Entschuldigung, ich möchte mich beschweren. Mein Salat ist voller Insekten. 실례합니다만, **항의하고** 싶어요. 제 샐러드는 곤충으로 가득합니다.	항의하다
☐ salzig	Meine Suppe ist kalt und zu salzig. Bringen Sie mir eine neue? 제 수프는 차갑고 너무 **짜요**. 새로운 것을 갖다줄 수 있나요?	짠
☐ Wunsch	Meine Herrschaften, haben Sie sonst noch einen Wunsch? (신사 숙녀) 여러분, 더 **원하는** 것이 있으신가요?	원한 것, 소원

☐ bezahlen

Die Rechnung bitte. Wir möchten bezahlen.

계산서 주세요. **계산하고** 싶어요.

참고 die Rechnung 계산서

계산하다

☐ zusammen

Zahlen Sie zusammen oder getrennt?

같이 아니면 따로 계산하십니까?

반의어 getrennt 따로

같이, 함께

☐ das Trinkgeld

In Europa ist es üblich, Trinkgeld zu geben.

유럽에서는 **팁**을 주는 것이 보통이다.

팁

1 아래의 단어를 찾아보세요.

S	W	U	V	X	J	X	T	B	E	Z	A	H	L	E	N	Y	Q
M	V	U	R	F	M	N	T	H	G	U	M	V	X	Q	G	V	M
S	A	D	O	H	W	R	L	N	H	R	B	R	L	E	C	S	V
R	N	N	F	D	T	J	G	D	R	E	P	E	V	M	J	C	Y
K	A	M	B	I	V	H	G	X	E	S	F	S	H	P	G	H	O
N	E	U	E	N	I	A	Y	W	V	E	Y	T	K	F	C	M	Y
C	M	B	S	W	M	U	F	J	Y	R	I	A	D	E	F	E	N
R	Q	L	C	K	B	P	R	I	D	V	S	U	T	H	C	C	I
G	C	N	H	M	X	T	A	M	K	I	T	R	F	L	I	K	Y
D	C	P	W	Q	O	S	G	E	L	E	L	A	S	E	O	E	I
P	R	T	E	K	S	P	G	N	T	R	A	N	H	N	U	N	K
W	E	P	R	B	E	E	L	Ü	O	E	Q	T	H	D	X	P	T
V	A	F	E	Y	W	I	E	M	S	N	S	S	Y	K	L	L	F
S	P	L	N	E	N	S	E	C	F	I	O	G	A	S	T	E	U
P	F	L	B	S	Z	E	C	F	P	D	D	X	Q	G	Y	G	K
R	G	X	W	W	H	U	W	P	H	K	N	D	X	I	I	Q	E
R	K	F	D	L	S	P	K	E	L	L	N	E	R	I	N	Q	S
S	Y	K	G	H	O	U	M	Y	Z	D	Q	W	F	R	Y	W	W

① MENÜ ② HAUPTSPEISE

③ BEZAHLEN ④ RESTAURANT

⑤ RESERVIEREN ⑥ KELLNERIN

⑦ BESCHWEREN ⑧ EMPFEHLEN

⑨ SCHMECKEN ⑩ GAST

2 분리 동사의 과거 부사를 쓰세요.

① einlegen 넣다 _____

② mitspielen 함께 놀다 _____

③ aufmachen 열다 _____

④ abholen 데려오다 _____

⑤ zusammenlegen 접다 _____

> ✓ **힌트**
> 과거 부사(Partizip II)
> 분리 동사(규칙적) : 접두어 + ge + 동사 어간 + t

참고 숙어

Viele Köche verderben den Brei.

▶ 사공이 많으면 배가 산으로 올라간다.

IV

EINKAUFEN

구매

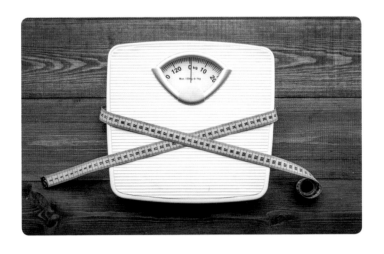

□ das Gramm

Wie viel kosten 100 Gramm Schinken?

햄 100 **그램**은 얼마입니까?

그램

□ das Kilogramm

Was ist schwerer ein Kilogramm Tomaten oder ein Kilo Karotten?

1 **킬로** 토마토 혹은 1 킬로 당근 중 어떤 것이 더 무거울까요?

킬로(그램)

□ die Tasse

Gestern habe ich eine Tasse fallen gelassen. Jetzt ist sie zerbrochen.

어제 제가 **잔**을 떨어뜨렸습니다. 그래서 깨졌어요.

(찻)잔

□ die Packung

Kannst du mir eine Packung Chips aus dem Supermarkt mitbringen?

슈퍼마켓에서 감자칩 한 **봉지** 갖다줄 수 있니?

봉지

□ die Schale

Erdbeeren gibt es heute im Angebot. 1 Euro pro Schale.

오늘 딸기를 세일합니다. 한 **용기**당 1 유로예요.

(플라스틱) 용기

□ der Becher

Jeden Montag am Morgen kaufe ich sieben Becher Joghurt.

월요일 아침마다 요구르트 7 **컵**을 삽니다.

컵

□ das Dutzend

Zu Ostern kochen und bemalen wir Dutzende von Eiern.

부활절에 우리는 **12개짜리 묶음**의 계란을 여러 개 삶고 색칠합니다.

12개짜리 묶음

□ die Dose

Leere Dosen kommen in den Alucontainer.

빈 **캔**은 알루미늄 컨테이너에 넣어야 합니다.

깡통, 캔

□ das Stück

A: Sind noch Kekse im Schrank?
B: Ja, aber leider nur noch drei Stück.

A: 장에 쿠키가 아직 있니?
B: 그래, 하지만 3**개**뿐이야.

개

☐ die Flasche	Eine Flasche Sekt habe ich auch gekauft. Damit feiern wir deinen Geburtstag heute. 오늘 샴페인 한 **병** 샀어. 그것으로 네 생일 파티를 하자.	병
☐ der Zentimeter	Die Kugel verfehlte das Ziel nur um einen Zentimeter. 총알이 표적을 1**센티미터** 빗나갔습니다.	센티미터
☐ der Meter	Ich bin schon ein Meter fünfundvierzig groß. 저는 벌써 1 **미터** 45 센티미터입니다. **참고** der Millimeter 밀리미터	미터
☐ das Glas	Am Abend trinke ich gerne ein Glas warme Milch, denn das hilft mir, einzuschlafen. 저녁에는 따뜻한 우유 한 **잔**을 즐겨 마십니다. 왜냐하면 잠드는 데 도움이 되기 때문입니다.	(유리) 잔
☐ die Damengröße	Hier gibt es eine Größentabelle für Damengrößen. **여성 사이즈**를 확인할 수 있는 사이즈 표가 있습니다. **반의어** die Herrengröße 남성 사이즈	여성 사이즈
☐ die Kindergröße	In Kindergröße haben wir hier leider gar nichts. Da müssen Sie in ein größeres Geschäft gehen. 유감스럽게 저희는 **아동 사이즈**는 없습니다. 좀 더 큰 가게에 가셔야 합니다.	아동 사이즈

☐ Euro

Der Euro ist die Währung der Europäischen Wirtschafts - und Währungsunion.

유로는 유럽 경제 통화 동맹의 화폐입니다.

유로

☐ Cent

Auf den Centmünzen steht „Euro Cent" übereinander.

센트 동전에는 '유로 **센트**'라고 위아래에 쓰여 있습니다.

센트

1 다음을 참고하여 문장을 완성하세요.

der/die/das	ein/eine/ein	–

① Haben wir noch _____ Banane?

우리 아직 바나나 한 개 남았니?

② Ist das _____ neues Sofa?

이 소파가 새것이니?

③ Mein Mann liest zum Frühstück _____ Zeitung.

제 남편은 아침 식사하면서 신문을 읽습니다.

④ Habt ihr _____ Frage?

너희들은 질문이 있니?

⑤ Ich suche _____ Parkplatz.

저는 주차 공간을 찾고 있습니다.

⑥ Ich mag _____ Hunde.

나는 개를 좋아해.

⑦ _____ Kleid finde ich sehr schön.

이 드레스가 마음에 든다.

⑧ Sie haben viel _____ Geld.

그들은 돈이 많다.

⑨ Wo ist _____ Hotel?

그 호텔은 어디 있니?

⑩ Hast du _____ Kinder?

너는 아이들이 있니?

> **✓ 힌트**
> **목적어**
> 동사에 따라서 목적어의 격이 달라집니다.
> Haben 동사 (가지고 있다)는 항상 4격을 요구합니다 (~을/를 가지고 있다).
> Ist 동사 (이다)는 보통 1격 명사와 같이 씁니다 (~은/는, 이/가, 이다).

2 그림과 알맞은 단어를 연결하고 쓰세요.

① ein Stück   •   • ⓐ

Joghurt

② eine Dose   •   • ⓑ

Pommes

③ eine Scheibe (한 쪽/ 조각)   •   • ⓒ

Wein

④ ein Glas   •   • ⓓ

Kuchen

⑤ eine Flasche   •   • ⓔ

Cola

⑥ eine Portion (1인분)   •   • ⓕ

Tee

⑦ eine Tasse   •   • ⓖ

Wasser

⑧ ein Becher   •   • ⓗ

Toast

정답

1 ① eine ② ein ③ die ④ eine ⑤ einen ⑥ – ⑦ Das ⑧ – ⑨ das ⑩ –
2 ① – ⓓ ein Stück Kuchen ② – ⓔ eine Dose Cola ③ – ⓗ eine Scheibe Toast
  ④ – ⓖ ein Glas Wasser ⑤ – ⓒ eine Flasche Wein ⑥ – ⓑ eine Portion Pommes
  ⑦ – ⓕ eine Tasse Tee ⑧ – ⓐ ein Becher Joghurt

2 Kleidung 의류

☐ die Hose	Ich muss die Hose umtauschen, denn sie passt mir nicht. 이 **바지**를 교환해야 합니다, 저에게 사이즈가 안 맞아요.	바지
☐ der Rock	Warum trägst du immer so kurze Röcke? 너는 왜 항상 그렇게 짧은 **치마**를 입고 다니니? 참고 der Minirock 미니	치마
☐ das Kleid	Hast du ein neues Kleid? Es ist sehr hübsch. 새로운 **원피스** 입었어요? 너무 예쁘네요.	원피스
☐ das Hemd	Zu Weihnachten kaufe ich meinem Vater ein Hemd. 크리스마스 때 아버지께 **와이셔츠**를 사드릴 것이다.	와이셔츠
☐ die Bluse	Deine Bluse ist schmutzig geworden. Ich werde sie waschen. 너의 **블라우스**는 더러워졌다. 내가 빨아 줄게.	블라우스
☐ die Unterhose	Ich kann doch nicht in der Unterhose spazieren gehen. **팬티**만 입고 산책할 수는 없잖아.	팬티
☐ die Unterwäsche	Im Winter tragen viele Menschen lange Unterwäsche. 겨울에는 많은 사람이 긴 **속옷**을 입는다. 참고 die lange Unterwäsche 긴 속옷	속옷
☐ die Jeans	Wenn ich kein Kleid tragen muss, dann trage ich immer Jeans. 원피스를 입지 않아도 되면 항상 **청바지**를 입습니다.	청바지

□ die Jacke	Deine Jacke gefällt mir gut, wo hast du sie gekauft? 너의 **점퍼**가 마음에 들어. 어디에서 샀니?	점퍼
□ der Mantel	Wie findest du meinen neuen Mantel? 나의 새로운 **코트**를 어떻게 생각해?	코트
□ der Pullover	Ich habe von meiner Oma einen selbst gestrickten Pullover bekommen. 할머니께 직접 뜨개질하신 **스웨터**를 받았습니다. 유의어 der Pulli	스웨터
□ die Weste	Die schwarze Weste sollst du über dem Hemd tragen. 검은 **조끼**는 와이셔츠 위로 입어야 한다.	조끼
□ das T-Shirt	Ich habe in Seoul viele T-Shirts gekauft. 나는 서울에서 **티셔츠**를 많이 샀다.	티셔츠
□ die Strumpfhose	Ihre Strumpfhose hat eine Laufmasche. 당신 **스타킹**의 올이 풀렸네요. 참고 die Strümpfe 스타킹	(팬티) 스타킹
□ die Badehose	Kaufen Sie sich doch eine neue Badehose. 새로운 **수영복 바지**를 하나 사세요.	수영복 바지
□ der Badeanzug	Hier kann man sich Badeanzüge ausleihen. 여기서 **수영복**을 빌릴 수 있습니다.	수영복

☐ der Anzug	Bringst du meinen Anzug heute in die Reinigung? 오늘 세탁소에 내 **양복**을 맡겨 줄 수 있겠니?	양복
☐ die Arbeitskleidung	Was? Sie haben Ihre Arbeitskleidung vergessen? 네? **작업복**을 잊으셨다고요? 유의어 die Berufskleidung 참고 die Dienstkleidung 근무복 die Uniform 유니폼	작업복
☐ altmodisch	Ich finde, meine Kleidung ist zu altmodisch. Ich muss mir neue Sachen kaufen. 내 옷이 **유행에 뒤진 것** 같아서 새로운 옷을 사야 한다. 반의어 modern 유행한	유행에 뒤진, 구식의

1 부정 문장을 만들어 보세요.

> Die Hose ist altmodisch. ➡ Die Hose ist **nicht** altmodisch.
> 이 바지는 구식이다.   이 바지는 구식이 아니다.

① Der Mantel ist neu.   ➡ _____
이 코트는 새것이다.

② Das ist mein Pullover.   ➡ _____
이것은 내 스웨터다.

③ Das ist dein Badeanzug.   ➡ _____
이것이 너의 수영복이다.

④ Mein Rock ist fertig.   ➡ _____
내 치마는 완성됐다.

⑤ Deine Socken sind schmutzig. ➡ _____
너의 양말은 더럽다.

⑥ Das Hemd ist blau.   ➡ _____
그 와이셔츠는 파란색이다.

⑦ Heute ist es kalt.   ➡ _____
오늘은 날이 춥다.

⑧ Sein Anzug ist hier.   ➡ _____
그의 양복은 여기 있다.

⑨ Die Jeans sind teuer.   ➡ _____
이 청바지는 비싸다.

2 다음 빈칸에 알맞은 말을 쓰세요.

① Was nimmst du?   Ich _____ dieses Kleid.
너는 무엇을 살 거니?   나는 이 드레스를 살게.

② Was essen Sie?   Ich _____ einen Hamburger.
무엇을 드시겠습니까?   햄버거를 먹겠습니다.

③ Wohin fahren Sie?   Ich _____ nach Hause.
어디로 가십니까?   집으로 갑니다.

④ Wie geht es Dir?   Mir _____ es gut.
어떻게 지내니?   잘 지낸다.

⑤ Was gibst du ihr?   Ich _____ ihr ein Geschenk.
그녀에게 뭘 주니?   그녀에게 선물을 준다.

3 철자를 조합해서 단어를 만들어 보세요.

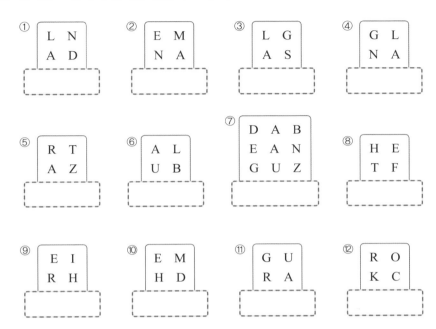

① L N
  A D

② E M
  N A

③ L G
  A S

④ G L
  N A

⑤ R T
  A Z

⑥ A L
  U B

⑦ D A B
  E A N
  G U Z

⑧ H E
  T F

⑨ E I
  R H

⑩ E M
  H D

⑪ G U
  R A

⑫ R O
  K C

1 ① Der Mantel ist nicht neu.   ② Das ist nicht mein Pullover.

  ③ Das ist nicht dein Badeanzug.   ④ Mein Rock ist nicht fertig.

  ⑤ Deine Socken sind nicht schmutzig.   ⑥ Das Hemd ist nicht blau.

  ⑦ Heute ist es nicht kalt.   ⑧ Sein Anzug ist nicht hier.

  ⑨ Die Jeans sind nicht teuer.

2 ① nehme   ② esse   ③ fahre   ④ geht   ⑤ gebe

3 ① Land 나라   ② Name 이름   ③ Glas 유리컵   ④ lang 긴   ⑤ Arzt 의사   ⑥ blau 파랑

  ⑦ Badeanzug 수영복   ⑧ Heft 공책   ⑨ hier 여기   ⑩ Hemd 셔츠   ⑪ grau 회색

  ⑫ Rock 치마

3 Farben 색

☐ **Rot**

Wenn die Ampel rot ist, dann muss man stehenbleiben.

신호등의 **빨간**불이 들어오면 멈추어야 한다.

빨간

☐ **Gelb**

Ich mag gelb, weil Sonne, Mond und Sterne gelb sind.

저는 **노란색**을 좋아합니다. 왜냐하면 해, 달과 별들이 **노란색**이기 때문이에요.

노란

☐ **Blau**

Was findest du besser: dunkelblau oder hellblau?

어떤 **파란**색이 더 마음에 드니? 남색 아니면 하늘색?

파란

☐ **Grün**

Meine Mutter mag die Farbe Grün, daher kaufe ich Ihr einen grünen Edelstein.

우리 엄마는 **초록색**을 좋아하셔. 그래서 **초록색** 보석을 사드릴 거야.

초록

☐ **Weiß**

Haben Sie schon ein weißes Hochzeitskleid gefunden?

하얀 웨딩드레스를 구하셨나요?

하얀

☐ **Schwarz**

Auf der Beerdigung erschienen alle Gäste schwarz gekleidet.

장례식에서 모든 손님이 **검은** 옷을 입었습니다.

검은

☐ **Violett**

Ich glaube nicht, dass ich irgendein violettes Kleidungsstück habe.

보라색 옷은 하나도 없는 것 같아.

유의어 lila

보라색

☐ **Pink**

Die Farbe Pink ist nicht nur bei kleinen Mädchen beliebt.

분홍색은 어린 여자아이들만 좋아하는 것이 아니다.

분홍색

☐ **Grau**

Warum kleidest du dich immer mit grauer Kleidung wie eine Maus?

왜 너는 늘 쥐처럼 **회색** 옷만 입고 다니니?

회색

☐ Beige	Die beige Hose in der Auslage finde ich besonders schick. 진열된 **베이지색** 바지는 정말 멋지다고 생각해.	베이지
☐ Braun	Die Farbe Braun hat eine freundliche, natürliche und gemütliche Wirkung. **밤색**은 친절하고, 자연스럽고 편안한 효과가 있습니다.	밤색
☐ Silber	Für die Hochzeit finde ich Ringe in Silber schöner als in Gold. 결혼식을 위해 **은색** 반지가 금반지보다 더 예쁜 것 같아요.	은(색)
☐ Gold	Deutschland hat bei der Winterolympiade in Südkorea 14 Medaillen in Gold gewonnen. 대한민국의 동계 올림픽 때 독일은 **금**메달 14개를 땄습니다.	금(색)
☐ Rosa	Hast du gewusst, dass die Farbe Rosa für Weiblichkeit und Romantik steht? **장미색**이 여성스러움과 낭만주의를 나타내는 색인 줄 알았니?	장미색
☐ kariert	Kann ich mir dein kariertes Hemd ausleihen? 너의 **체크무늬** 와이셔츠를 빌려도 되겠니?	체크무늬
☐ gepunktet	Warum trägst du nicht das lange, gepunktete Kleid? 왜 **물방울무늬**의 긴 드레스를 안 입니?	물방울무늬
☐ gestreift	Bereitest du mir morgen den blau gestreiften Anzug vor? Ich habe ein wichtiges Meeting. 내일 남색 **줄무늬** 양복을 준비해 줄래? 내일 중요한 회의가 있어.	줄무늬

☐ bunt

Unser Papagei hat sehr schöne, bunte Federn.

우리 앵무새는 아주 예쁜 **알록달록**한 깃털이 있다.

알록달록한

☐ durchsichtig

Wo finde ich durchsichtige Einbände für Bücher, bitte?

투명한 책 커버는 어디에 있나요?

투명한

☐ Pastellfarbe

Haben Sie diese Mützen auch in Pastellfarbe?

이 모자들은 **파스텔** 색으로도 있나요?

파스텔

1 다음을 알맞게 연결해서 문장을 만들어 보세요.

① Meine Lieblingsfarbe •   • liest •   • jetzt fern.

② Ich   •   • geht •   • du das Buch?

③ Wann   •   • ist •   • in die Arbeit.

④ Sie   •   • sehe •   • bunte Farben.

⑤ Das Kind   •   • hilft •   • blau.

⑥ Er   •   • fahren •   • in den Kindergarten.

⑦ Ihr   •   • mögt •   • mir viel.

① _____

② _____

③ _____

④ _____

⑤ _____

⑥ _____

⑦ _____

✓ **힌트**

동사의 불규칙 변화(단수 2, 3격에 어미 변화)

단수	1	ich	lese	laufe
	2	du	liest	läufst
	3	er/sie/es	liest	läuft
복수	1	wir	lesen	laufen
	2	ihr	lest	lauft
	3	sie	lesen	laufen

2 다음 색이 무슨 색인지 쓰세요.

Pink		①		②	
③		④		⑤	
⑥		⑦		⑧	
⑨		⑩		⑪	

1 ① Meine Lieblingsfarbe ist blau. (내가 좋아하는 색은 파란색이다.)

② Ich sehe jetzt fern. (나는 이제 TV를 본다.)

③ Wann liest du das Buch? (너는 언제 책을 읽을 거니?)

④ Sie fahren in die Arbeit. (그들이 직장에 갑니다.)

⑤ Das Kind geht in den Kindergarten. (아이는 유치원에 간다.)

⑥ Er hilft mir viel. (그는 나를 많이 도와준다.)

⑦ Ihr mögt bunte Farben. (너희들은 알록달록한 색을 좋아한다.)

2 ① Braun ② Blau ③ Gelb ④ Rot ⑤ Grau ⑥ Violett ⑦ Schwarz

⑧ Grün ⑨ Orange ⑩ Rosa ⑪ Weiß

4 Accessoires 액세서리 Track 18

☐ die Handschuhe	Ich habe von meiner Freundin neue Handschuhe aus Leder bekommen. 나는 여자 친구에게 가죽으로 된 **장갑**을 받았습니다.	장갑
☐ die Socken	Zieh dir dicke Socken an. Es ist bestimmt sehr kalt in den Bergen. 두꺼운 **양말**을 신어라. 산은 틀림없이 많이 추울 것이다.	양말
☐ der Schal	Der Schal war ursprünglich ein Teil der Kleidung der Bewohner der Region Kaschmir. **목도리**는 카슈미르 지역 주민들 옷의 한 일부였습니다.	목도리
☐ das Halstuch	Dieses Halstuch gehört zu der Uniform und ist stets dazu zutragen. 이 **스카프**는 유니폼의 일부이며 항상 착용해야 합니다.	스카프
☐ der Ring	Ist das dein Verlobungsring? Herzliche Gratulation! 이것이 네 약혼 **반지**니? 진심으로 축하해! 참고 der Ohrring 귀걸이	반지
☐ die Halskette	Die Halskette war ein Geschenk von meiner Großmutter. 이 **목걸이**는 우리 할머니께서 주신 선물이야. 참고 die Perlenkette 진주 목걸이	목걸이
☐ die Armbanduhr	Ich sammle Armbanduhren. Das ist meine neunte Armbanduhr. 저는 **손목시계**를 수집합니다. 이것은 아홉 번째 **손목시계**입니다. 유의어 die Uhr	손목시계

☐ die
Armkette

Meine Schwester und ich haben uns gleiche Armketten gekauft.

언니와 저는 같은 **팔찌**를 샀어요.

참고 das Armband (가죽, 천, 실 등으로 된) 팔찌

팔찌

☐ die
Haarspange

Mit der Haarspange sehen deine Haare geordneter aus.

머리핀을 꽂으니 머리가 훨씬 정리돼 보인다.

유의어 die Haarklammer

머리핀

☐ das
Haargummi

Beim Sport binde ich meine Haare mit einem Haargummi zu einem Pferdeschwanz.

운동할 때는 **끈**으로 머리를 하나로 묶는다.

유의어 das Haarband

머리 끈

☐ der
Schmuck

Sie trägt nur sehr selten Schmuck, denn sie hat eine Allergie.

그녀는 알레르기가 있어서 **보석류**를 자주 하지 않습니다.

보석류

☐ die Krawatte

Zeigst du mir bitte, wie man eine Krawatte bindet?

넥타이 묶는 법 좀 가르쳐 줄래?

참고 die Fliege 나비넥타이

넥타이

☐ die Mütze

Sieh mal, hier gibt es süße Mützen für Babys.

여기 봐, 귀여운 유아용 **모자**들이 있어.

참고 die Kappe 캡

모자

☐ der Gürtel

Dieser Gürtel ist beidseitig verwendbar und daher sehr praktisch.

이 **벨트**는 양쪽으로 사용 가능해서 아주 실용적입니다.

벨트

□ die Brille	Wo habe ich bloß meine Brille liegengelassen? 내 **안경**을 어디에 놓았을까? **참고** die Sonnenbrille 선글라스 　　die Lesebrille 돋보기 안경 　　die Schwimmbrille 수경	안경
□ der Hut	Kennst du das Lied „Mein Hut der hat drei Löcher"? "내 **모자**는 구멍이 3개가 있다."라는 노래를 아니?	(테 있는) 모자
□ das Accessoire	Ich trage sehr gerne Accessoires. 저는 **액세서리** 하는 것을 좋아합니다.	액세서리
□ der Regenschirm	Meinen Regenschirm habe ich immer in der Tasche. 저는 **우산**을 항상 가방에 가지고 다닙니다. **참고** der Sonnenschirm 파라솔	우산

1 아래의 단어를 찾아보세요.

X	T	K	F	T	R	X	R	P	B	B	Q	U	M	H
G	Y	Y	M	O	B	R	I	L	L	E	X	O	K	R
D	W	G	F	R	T	Y	V	K	G	F	E	H	L	E
R	F	J	F	C	K	R	A	W	A	T	T	E	C	G
H	O	A	Q	P	I	Z	J	J	K	H	I	Z	E	E
A	S	N	S	O	C	K	E	N	Y	D	V	T	G	N
L	E	L	D	U	C	O	R	F	W	W	H	V	R	S
S	S	A	R	M	B	A	N	D	U	H	R	Y	N	C
K	T	K	Z	W	O	C	P	S	N	C	X	N	K	H
E	M	U	E	G	Ü	R	T	E	L	K	D	H	D	I
T	K	L	H	L	Q	T	I	Q	A	E	M	L	R	R
T	V	T	H	A	N	D	S	C	H	U	H	E	I	M
E	E	R	W	N	G	W	W	W	F	H	V	D	Q	C
W	H	H	A	A	R	G	U	M	M	I	M	H	U	T
H	Y	S	L	O	Z	V	Q	S	B	E	G	F	H	J

① HANDSCHUHE ② SOCKEN

③ HALSKETTE ④ REGENSCHIRM

⑤ ARMBANDUHR ⑥ HAARGUMMI

⑦ KRAWATTE ⑧ GÜRTEL

⑨ HUT ⑩ BRILLE

2 문장을 만들어 보세요.

> Der Unterricht / um 9.00 Uhr / anfangen
>
> ➡ Der Unterricht fängt um 9.00 Uhr an. 수업은 오전 9시에 시작한다.

① Ich / vorbereiten / die Präsentation

➡ _____

② Die Mutter / einkaufen / im Supermarkt

➡ _____

③ Der Zug / ankommen / morgen Abend

➡ _____

④ Frieda / umziehen / nach Frankfurt

➡ _____

⑤ Georg / zurückfahren / in die Heimat

➡ _____

정답

2 ① Ich bereite die Präsentation vor. (나는 발표를 준비한다.)
  ② Die Mutter kauft im Supermarkt ein. (엄마는 슈퍼마켓에서 장을 본다.)
  ③ Der Zug kommt morgen Abend an. (기차는 내일 저녁에 도착합니다.)
  ④ Frieda zieht nach Frankfurt um. (프리다는 프랑크푸르트로 이사 간다.)
  ⑤ Georg fährt zurück in die Heimat. (게오르그는 고향으로 돌아간다.)

참고 숙어

Man trägt die Fliege statt der Krawatte. Sie hat die Form eines

Schmetterlings, heißt aber Fliege.

▶ 나비넥타이는 넥타이 대신합니다. 나비넥타이는 나비 모양이지만 '파리'라고 불립
  니다.

5 Geschenke 선물

Track 19

die CD	Ich fand das Konzert so toll, dass ich mir sogar eine CD gekauft habe. 연주회가 너무 좋아서 CD까지 샀습니다.	CD
das Radio	Mein Hobby ist Radio hören. Zu Hause höre ich den ganzen Tag Radio. 내 취미는 **라디오** 듣기입니다. 집에 있으면 하루 종일 **라디오**를 들어요.	라디오
der MP3 Player	Früher gab es viele MP3 Player, aber jetzt verwenden alle das Handy. 그전에는 **MP3 플레이어**가 많았지만, 이제는 모두 스마트폰을 사용한다.	MP3 플레이어
das Parfüm	Ich habe ein Parfüm geschenkt bekommen, aber den Duft finde ich nicht so toll. **향수**를 선물 받았는데 향이 마음에 안 들어.	향수
der Computer	Ich verbringe zu viel Zeit am Computer. **컴퓨터** 앞에서 시간을 너무 많이 보낸다. 참고 der Laptop 노트북	컴퓨터
die Spielkonsole	Kommst du mich besuchen? Ich habe eine neue Spielkonsole. 우리 집에 놀러 올래? 새로운 **게임기**를 받았어.	게임기
das Handy	Es gibt so viele tolle Handys am Markt, dass mir die Wahl schwerfällt. 시장에 괜찮은 **스마트폰**이 많아서 선택하기 어렵다. 유의어 das Mobiltelefon	스마트폰, 핸드폰

112

☐ die Sportschuhe	In diesem Schuhladen habe ich passende Sportschuhe gefunden. 이 신발점에서 (사이즈가) 맞는 **운동화**를 찾았습니다.	운동화
☐ der Jogginganzug	Mein Jogginganzug ist alt, aber er sieht noch immer wie neu aus. 내 **체육복**은 오래됐지만, 아직 새것처럼 보입니다.	체육복
☐ Comics	Ich lese gerne Comics. Besonders Comics über Science-Fiction Geschichten. 나는 **만화책**을 즐겨 읽어요. 특히 공상 과학 소설 관련된 **만화책**을요.	만화책
☐ der Fußball	Von meiner Lieblingsmannschaft habe ich einen unterschriebenen Fußball bekommen. 제일 좋아하는 팀에서 사인된 **축구공**을 받았다.	축구공
☐ das Bargeld	Ich bekomme zum Geburtstag immer Bargeld. Damit kann ich kaufen, was ich will. 나는 생일 때 항상 **현금**을 받아. 그러면 원하는 것을 살 수 있어.	현금
☐ das Fahrrad	Mein Sohn braucht ein neues Fahrrad. 우리 아들은 새로운 **자전거**가 필요합니다.	자전거
☐ das Kuscheltier	Meine kleine Schwester kann ohne Kuscheltier nicht einschlafen. 내 여동생은 **봉제 인형** 없이 잠들지 못한다.	봉제 인형

☐ der Gutschein
Warum kaufst du nicht einfach einen Gutschein?
왜 그냥 **상품권**을 사지 않니?

상품권

☐ das Haustier
Ich habe Haustiere: zwei Hunde, eine Katze und drei Schildkröten.
저는 **애완동물**들이 있어요: 강아지 두 마리, 고양이 한 마리와 거북이 세 마리.

애완동물

☐ die Kamera
Das ist eine Spiegelreflexkamera, mit der ich eine bessere Bildqualität bekomme.
이것은 리플렉스 **카메라**입니다. 더 좋은 화질의 사진이 제공됩니다.
참고 die Videokamera 캠코더

카메라

☐ die Pralinen
Eine Schachtel Pralinen ist meist ein willkommenes Geschenk.
벨기에식 초콜릿은 거의 항상 환영받는 선물입니다.

벨기에식 초콜릿

☐ das Brettspiel
Wir machen einen Spieleabend und jeder bringt ein Brettspiel mit.
게임 나이트를 하려고 하는데 모두 다 **보드게임** 하나씩을 가지고 와야 한다.

보드게임

1 빈칸에 알맞은 과거분사를 쓰세요.

schenken	①
hören	②
glauben	③
lernen	④
schlafen	⑤
trinken	⑥
verlieben	⑦
abgeben	⑧
studieren	⑨
versuchen	⑩

✓ **힌트**
Partizip II
-약/혼합 동사: ge···t
       lernen - gelernt
- 강한 동사: ge···en
       sehen - gesehen
- 불규칙 동사: 어간 변화
       bringen - gebracht
       gehen - gegangen

2 아래의 단어를 찾아보세요.

W	N	R	E	S	J	G	R	I	M	Z	J	R	N	A	J	N	T	X
D	Q	R	O	Z	C	G	S	G	O	X	B	J	H	V	X	Q	W	H
T	Q	Y	N	N	U	J	P	U	K	B	R	K	V	W	J	C	S	L
H	W	N	D	C	D	H	O	Z	L	Y	S	F	C	B	D	S	C	S
A	L	L	E	O	M	Z	R	N	G	L	P	U	L	N	E	X	I	Y
P	V	F	Y	M	H	X	T	A	F	Q	A	S	P	C	Y	Z	M	U
J	K	B	D	P	Q	W	S	G	J	K	R	S	F	B	D	T	O	I
W	U	N	C	U	V	M	C	N	B	R	F	B	U	A	Y	S	C	P
W	E	G	J	T	K	S	H	I	B	J	Ü	A	E	R	K	K	N	L
M	U	E	D	E	W	X	U	G	L	N	M	L	P	G	J	O	I	E
X	F	X	R	R	R	Q	H	G	G	C	V	L	Y	E	B	H	N	V
S	I	D	F	B	E	C	E	O	R	H	Y	J	M	L	R	D	M	K
F	B	V	K	U	B	C	R	J	Q	S	H	D	J	D	B	D	X	R
M	K	L	J	W	T	M	V	Y	B	E	I	H	H	R	B	Y	R	Q
R	Q	V	W	G	E	S	C	H	E	N	K	H	Y	F	J	D	L	I
I	K	A	M	E	R	A	C	X	G	B	L	Y	F	Z	D	F	Y	T
Y	R	V	B	R	E	T	T	S	P	I	E	L	L	Z	P	F	W	O
X	S	Q	F	Q	U	A	Y	W	P	O	J	M	Y	C	V	I	T	P
C	X	F	G	C	Y	P	V	Z	G	C	J	R	V	X	T	Y	V	S

① GESCHENK ② BRETTSPIEL

③ KAMERA ④ COMICS

⑤ JOGGINGANZUG ⑥ PARFÜM

⑦ COMPUTER ⑧ SPORTSCHUHE

⑨ FUSSBALL ⑩ BARGELD

1 ① geschenkt ② gehört ③ geglaubt ④ gelernt ⑤ geschlafen ⑥ getrunken
⑦ verliebt ⑧ abgegeben ⑨ studiert ⑩ versucht

ALLTAG UND FREIZEIT

일상과 여가

1 Alltagsaktivitäten 일상생활

☐ aufwachen

Heute Morgen bin ich schon sehr früh aufgewacht.

오늘 아침에 아주 일찍 **깼습니다**.

깨다

☐ aufstehen

Aber ich bin erst aufgestanden, als der Wecker geläutet hat.

그러나 시계가 울린 후에서야 **일어났습니다**.

일어나다

☐ waschen

Dann habe ich mein Gesicht gewaschen.

그리고 얼굴을 **씻었습니다**.

참고 waschen – sich waschen
씻다   자기를 씻는다

씻다

☐ duschen

Normalerweise dusche ich jeden Morgen.

원래 매일 아침 **샤워를 합니다**.

샤워하다

☐ Zähne
putzen

Ich putze drei Minuten lang meine Zähne.

3분 동안 **양치질합니다**.

양치질하다

☐ anziehen

Danach habe ich mich angezogen, habe aber meine Socken nicht gefunden.

그런 후 **옷을 입**었지만 양말을 찾을 수 없었습니다.

옷을 입다

☐ das
Frühstück

Ich hatte sogar Zeit für ein schönes Frühstück mit meiner Familie.

가족과 함께 **아침식사**를 할 수 있는 시간이 있었습니다.

아침식사

☐ Zeitung
lesen

Ich lese beim Frühstück die Zeitung, aber nur wenn ich alleine bin.

저는 아침을 먹을 때 **신문을 봅니다**. 그러나 혼자 있을 때만.

신문 보다

☐ zur Arbeit laufen	Zu meiner Arbeit laufe ich, denn das dauert nur 20 Minuten. 직장까지 걸어갑니다. 20분밖에 안 걸립니다.	직장까지 걸어가다
☐ Auto fahren	Es macht mir sehr viel Spaß, Auto zu fahren. 운전하는 것이 매우 재미있습니다.	운전하다
☐ telefonieren	In meinem Job muss ich sehr viel mit Kunden telefonieren. 직업상 많은 고객과 전화 통화를 해야 합니다.	전화 통화 하다
☐ Emails beantworten	Jeden Tag verbringe ich etwa zwei Stunden mit Emails beantworten. 저는 매일 약 2시간을 이메일 답장 쓰는 데 보냅니다.	이메일 답장하다
☐ kochen	Was machst du lieber? Kochen oder abwaschen? 무엇을 더 좋아해? 요리하기 아니면 설거지하기?	요리하다
☐ einkaufen	Gehen wir heute gemeinsam einkaufen? 오늘 우리 같이 장을 보러 갈까요?	장보다
☐ Wecker stellen	Ich habe vergessen, den Wecker zu stellen. 자명종 시계를 켜는 것을 잊었습니다.	자명종 시계를 켜다
☐ den Bus nehmen	Wenn es regnet, dann nehme ich den Bus nach Hause. 비가 오면 버스를 타고 집에 갑니다. 유의어 mit dem Bus fahren	버스를 타다

☐ ankommen

Meine Eltern sind gestern angekommen.

제 부모님께서는 어제 **도착하셨습니다**.

도착하다

☐ ausgehen

Wie wäre es, wenn wir gemeinsam am Abend ausgehen?

저녁에 같이 **외출하는** 것은 어떨까?

외출하다

☐ rasieren

Mein Bart wächst zu schnell, ich muss mich täglich rasieren.

내 수염이 너무 빨리 자란다. 매일 **면도를 해야** 한다.

면도하다

☐ kämmen

Meine Tochter hat sehr lange Haare, die schwer zu kämmen sind.

우리 딸의 머리가 매우 길어서 **빗는** 것이 너무 어려워요.

빗다

1 빈칸에 알맞은 어미를 쓰세요.

> das kleine Kind (klein) 키 작은 어린이

① der _____ Finger (lang) 긴 손가락

② der _____ Mann (gutaussehend) 잘생긴 남자

③ das _____ Gesicht (fröhlich) 해맑은 얼굴

④ die _____ Hand (größte) 제일 큰 손 (최상급)

⑤ der _____ Student (faul) 게으른 학생

✓ **힌트**

형용사 약변화(형용사 앞에 정관사가 있을 때)

	남성	여성	중성	복수
주격(1격)	-e	-e	-e	-en
목적격(4격)	-en	-e	-e	-en
여격(3격)	-en	-en	-en	-en
소유격(2격)	-en	-en	-en	-en

2 현재완료형(have/sein 동사+과거분사)을 사용하여 고쳐 쓰세요.

> ich lese ➡ ich habe gelesen.

① ich höre _____

② ihr kommt _____

③ wir gehen _____

④ sie sind _____

⑤ du hast _____

⑥ es gibt _____

⑦ Julia und Michael sehen _____

⑧ der Lehrer sagt _____

⑨ der Bus fährt _____

> ✓ **힌트**
> 현재완료: haben과 sein의 구분
> • sein 동사의 사용:
>   – 상태 변화: einschlafen (잠들다), sterben (죽다)
>   – 한 방향으로 움직임: gehen (걸어가다), laufen (뛰다), fahren (… 타고 가다)
> • sein, werden, bleiben(이다, ~일 것이다, 머무르다) 외의 다른 동사는 haben 사용

정답

1 ① der lange Finger ② der gutaussehende Mann ③ das fröhliche Gesicht
   ④ die größte Hand ⑤ der faule Student
2 ① ich habe gehört ② ihr seid gekommen ③ wir sind gegangen
   ④ sie sind gewesen ⑤ du hast gehabt ⑥ es hat gegeben
   ⑦ Julia und Michael haben gesehen ⑧ der Lehrer hat gesagt ⑨ der Bus ist gefahren

참고 숙어

Erst die Arbeit, dann das Vergnügen.

▶ 일을 먼저 하고 그 후에 즐겨라.

2 Freizeitaktivitäten 여가 활동 [Track 21]

☐ **laufen**

Jeden Samstag laufe ich 5 km bis zum Han-Fluss.

저는 토요일마다 한강까지 5킬로미터를 **달립니다**.

달리다

☐ **schwimmen**

Ich habe mit 4 Jahren Schwimmen gelernt.

나는 만 4살 때 **수영**을 배웠다.

수영하다

☐ **lesen**

Mein Hobby ist Lesen. Am liebsten lese ich Krimis.

제 취미는 **독서**입니다. 범죄 소설을 제일 좋아합니다.

독서

☐ **reiten**

Im Dorf gibt es einen Pferdehof, wo man auch reiten kann.

이 마을에는 **승마**할 수 있는 말 농장이 있습니다.

승마하다

☐ **Fahrrad fahren**

Fahrrad fahren finde ich besser als Auto fahren.

자전거를 타는 것이 자동차 운전하는 것보다 더 좋다고 생각합니다.

자전거 타다

☐ **spazieren gehen**

Ich gehe jeden Abend mit meiner Oma eine Runde spazieren.

매일 저녁 할머니와 동네 한 바퀴를 **산책합니다**.

산책하다

☐ **tanzen**

Mein Vater ist ein guter Tänzer. Er tanzt schon sein ganzes Leben lang.

우리 아버지는 춤을 잘 추십니다. 평생 **춤을 추**셨습니다.

춤 추다

☐ **Sport machen**

Machst du denn keinen Sport? Sport ist wichtig für die Gesundheit!

운동을 안 하니? 운동은 건강에 중요해!

유의어 Sport betreiben

운동하다

☐ Tennis spielen	Als Kind habe ich Tennis gespielt, aber ich war nicht schnell genug. 어렸을 때 **테니스를 쳤지만**, 충분히 민첩하지 못했습니다. 참고 Tischtennis spielen	테니스 치다
☐ Fußball spielen	Wir spielen Fußball in einem Verein. Am Sonntag gibt es eine Meisterschaft. 우리는 클럽에서 **축구를 해**. 일요일에는 대회가 있어. 참고 Basketball spielen 농구하다 Volleyball spielen 배구하다	축구하다
☐ Klavier spielen	Ich kann leider nicht Klavier spielen, aber ich möchte es sehr gerne lernen. 유감스럽게도 저는 **피아노를 치지** 못하지만 무척 배우고 싶습니다. 참고 Geige spielen 바이올린을 켜다 Gitarre spielen 기타를 치다	피아노 치다
☐ Schach spielen	Mein Sohn ist sehr gut im Schach spielen. 우리 아들은 **체스를** 아주 잘 **둡니다**.	체스 두다
☐ Ski fahren	Im Ferienlager fährt man vormittags immer Ski und nachmittags Snowboard. 방학 캠프에서는 오전에 항상 **스키를 타고** 오후에는 항상 스노보드를 탄다. 유의어 Schi fahren	스키 타다
☐ eislaufen	Im Lotte World kann man das ganze Jahr hindurch eislaufen. 롯데월드에서는 일년 내내 **스케이트를** 탈 수 있습니다.	스케이트 타다
☐ wandern	Beim Wandern kann man viele Pflanzen und Tiere beobachten. **하이킹 할** 때 많은 식물과 동물을 관찰할 수 있습니다.	하이킹 하다

☐ reisen | Reisen ist meine Leidenschaft. Ich reise so oft es geht.
여행은 저의 열정입니다. 가능할 때마다 **여행 갑니다**. | 여행하다

☐ lange schlafen | Lange schlafen ist nicht nur mein Hobby, sondern meine Lieblingsbeschäftigung.
늦잠 자는 것은 제 취미일뿐만 아니라 제일 좋아하는 일입니다. | 늦잠 자다

☐ ins Kino gehen | Gehen wir heute Abend ins Kino?
오늘 저녁에 **영화관에 갈까**?
참고 ins Theater gehen 연극 보러 가다
ins Museum gehen 박물관에 가다 | 영화관에 가다

1 다음과 같이 문장을 만들어 보세요.

> Was machst du in deiner Freizeit?

> Schach spielen. (나는 체스 두는 것을 좋아한다.)
> ➡ <u>In meiner Freizeit spiele ich gerne Schach.</u>

① wandern

➡ _____

② Fahrrad fahren

➡ _____

③ Fußball spielen

➡ _____

④ schwimmen

➡ _____

⑤ lesen

➡ _____

⑥ tanzen

➡ _____

2 다음을 알맞게 연결해 보세요. (과거형)

① schreiben •   • ⓐ kam

② denken •   • ⓑ ging

③ kommen •   • ⓒ schrieb

④ sagen •   • ⓓ fragte

⑤ fragen •   • ⓔ sprach

⑥ gehen •   • ⓕ arbeitete

⑦ glauben •   • ⓖ sagte

⑧ arbeiten •   • ⓗ hielt

⑨ halten •   • ⓘ gab

⑩ geben •   • ⓙ glauben

⑪ sprechen •   • ⓚ dachte

✓ 힌트
동사의 과거형 (Präteritum) (규칙적 동사)

단수	1	ich	lerne	lernte
	2	du	lernst	lerntest
	3	er/sie/es	lernt	lernte
복수	1	wir	lernen	lernten
	2	ihr	lernt	lerntet
	3	sie	lernen	lernten

정답

1 ① In meiner Freizeit wandere ich gerne.

② In meiner Freizeit fahre ich gerne Fahrrad.

③ In meiner Freizeit spiele ich gerne Fußball.

④ In meiner Freizeit schwimme ich gerne.

⑤ In meiner Freizeit lese ich gerne.

⑥ In meiner Freizeit tanze ich gerne.

2 ① – ⓒ schreiben - schrieb   ② – ⓚ denken - dachte   ③ – ⓐ kommen - kam

④ – ⓖ sagen - sagte   ⑤ – ⓓ fragen - fragte   ⑥ – ⓑ gehen - ging

⑦ – ⓙ glauben - glaubte   ⑧ – ⓕ arbeiten - arbeitete   ⑨ – ⓗ halten - hielt

⑩ – ⓘ geben - gab   ⑪ – ⓔ sprechen - sprach

`Track 22`

☐ Fußball — Fußball musste wegen Regens abgesagt werden. / 축구는 비 때문에 취소됐습니다. — 축구

☐ Basketball — Basketball ist ein spannender Mannschaftssport. / 농구는 흥미진진한 팀 운동입니다. — 농구

☐ Baseball — Kannst du mir die Regeln für Baseball erklären? / 야구 규정을 나에게 설명해 줄 수 있겠니? — 야구

☐ Eishockey — Ich habe das Olympia Finale im Eishockey gesehen. / 올림픽에서 아이스하키 결승전을 보았습니다. — 아이스하키

☐ Skispringen — Mein Cousin liebt es beim Skispringen auf Skiern in der Luft zu fliegen. / 내 사촌은 스키점프를 할 때 스키를 신고 공중에 나는 것을 좋아한다. — 스키점프

`유의어` Schispringen

☐ Tennis — Wie heißt der aufsteigende koreanische Tennisspieler nochmal? / 요즘 인기 있는 한국 테니스 선수의 이름이 뭐였더라? — 테니스

☐ Tischtennis — Tischtennis wurde zum ersten Mal in England gespielt. Dort nannte man es „Ping Pong". / 탁구는 처음으로 영국에서 쳤습니다. 거기서 '핑퐁'이라고 불렸습니다. — 탁구

☐ Bowling — Gestern war meine gesamte Familie gemeinsam Bowling spielen. Das hat allen viel Spaß gemacht. / 어제 우리 가족 전부 함께 볼링 치러 갔었다. 모두 재미있어 했다. — 볼링

☐ Badminton	Badminton und Federball sind zwei unterschiedliche Sportarten. **배드민턴**과 페더볼은 다른 운동 종류입니다.	배드민턴
☐ Tauchen	Beim Tauchen befindet sich der ganze Körper unter der Wasseroberfläche. **잠수**할 때는 온몸이 수면 아래에 있습니다.	잠수
☐ Klettern	Unser Lehrer hat sich beim Klettern verletzt und liegt nun im Krankenhaus. 우리 선생님은 **암벽 타다**가 부상을 당해서 지금 병원에 입원하셨습니다.	암벽 타기
☐ Golf	Beim Golf ist mir gestern ein Ass gelungen; der Ball ist mit einem Schlag ins Loch befördert worden. 어제 **골프**할 때 에이스를 쳤습니다. 공이 한 번에 홀에 들어갔습니다.	골프
☐ Segeln	Heute ist ein guter Tag zum Segeln. Der Wind ist genau richtig. 오늘은 **돛단배를 항해하기** 딱 좋은 날이야. 바람도 알맞게 분다.	돛단배를 항해하다
☐ Volleyball	Ich finde die Volleyballmannschaft hat heute wirklich gut gespielt, auch wenn sie verloren haben. **배구** 팀이 오늘 경기에서 지기는 했지만 아주 좋은 게임을 보여 주었습니다.	배구
☐ Handball	Ich spiele seit über zehn Jahren Handball. Ich bin die Torfrau in meinem Team. **핸드볼**을 한 지 10년 넘었습니다. 저는 우리 팀의 골키퍼입니다.	핸드볼
☐ Surfen	Das Gleiten auf einer Welle beim Surfen sieht wirklich toll aus. **서핑**할 때 파도를 타는 것이 정말 멋있게 보인다.	서핑

□ Turnen

Mein Lieblingsfach in der Schule ist Turnen.

체육

학교에서 제일 좋아하는 과목은 **체육**입니다.

□ Paragleiten

Wie sind Sie zum Hobby Paragleiten gekommen?

패러글라이딩

어떻게 해서 **패러글라이딩**이라는 취미를 갖게 되셨나요?

유의어 Gleitschirmfliegen

130

1 빈칸에 알맞은 표현을 쓰세요.

___netter___ Vater (nett) 친절한 아빠

① _____ Mutter (schön) 예쁜 엄마

② _____ Kind (brav) 착한 어린이

③ _____ Kaffee (heiß) 뜨거운 커피

④ _____ Hund (groß) 큰 강아지

⑤ _____ Milch (kalt) 차가운 우유

✓ **힌트**

형용사 강변화(형용사 앞에 정/부정관사가 없을 때)

	남성	여성	중성	복수
주격(1격)	-er	-e	-es	-e
목적격(4격)	-en	-e	-es	-e
여격(3격)	-em	-er	-em	-en
소유격(2격)	-es(en)	-er	-es(en)	-e

2 ①~⑥에 맞는 단어를 쓰세요.

> ① 핑퐁이라고 불리는 운동 　② 주황색 공으로 하는 운동
> ③ 얼음 위에서 하는 운동 　④ 11명의 팀으로 하는 운동
> ⑤ 수면 아래로 내려가는 운동 　⑥ 작은 공을 채로 치는 운동

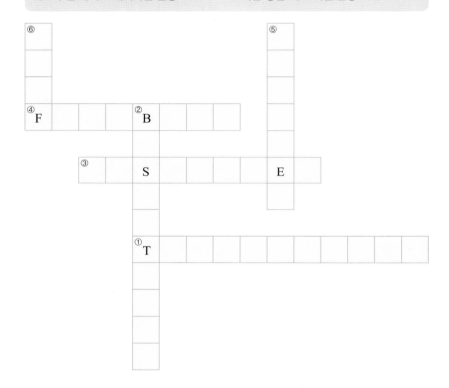

참고 숙어

Ins Schwarze treffen. 　▶ 정곡을 찌르다, 정답을 맞히다

Angriff ist die beste Verteidigung! 　▶ 공격이 최선의 방어다!

4 Ferien und Urlaub 방학과 휴가 [Track 23]

Ferienbeginn

Der Ferienbeginn ist für viele der Beginn einer wunderbaren Zeit.

방학의 시작은 많은 학생에게 좋은 시간이 시작한다는 것이지요.

방학의 시작

fotografieren

Meine Eltern haben mir eine neue Kamera geschenkt. Damit kann ich nun wie ein Profi fotografieren.

우리 부모님께 새 카메라를 받았습니다. 이제 프로처럼 **사진을 찍을** 수 있습니다.

사진 찍다

zelten

Jedes Jahr im Sommer fährt meine Familie für eine Woche in die Berge zelten.

매년 여름에는 우리 가족이 일주일 동안 산으로 가서 **텐트 생활을 한다**.

유의어 campen

텐트 생활을 하다

das Flugzeug

Das ist das erste Mal, dass ich mit einem Flugzeug fliege, und ich bin schon so aufgeregt.

비행기를 처음 탑니다. 벌써부터 너무 떨립니다.

유의어 der Flieger

비행기

ans Meer fahren

Familie Maier plant, im Juli ans Meer zu fahren.

마이어 가족은 7월에 **바닷가로 여행하는** 계획이 있다.

바닷가로 여행하다

in die Berge fahren

Aber Opa Maier möchte lieber in die Berge fahren.

그러나 마이어 할아버지는 **산으로 가는** 것을 선호하신다.

산으로 가다

☐ Skiurlaub machen	Dieses Jahr können wir keinen Skiurlaub machen, denn meine Mutter hat sich das Bein gebrochen. 올해 **스키 휴가**를 갈 수 없는 이유는 엄마가 다리를 다치셔서이다.	스키 휴가
☐ ausschlafen	In den Ferien möchte ich ausschlafen. Ich stehe nicht auf, bevor das Mittagessen fertig ist. 방학에는 **늦잠을 자고** 싶어. 점심 준비가 되기 전에는 일어나지 않아.	늦잠 자다
☐ das Hotel	Das Hotel haben wir schon letztes Jahr gebucht. **호텔**은 이미 작년에 예약했습니다.	호텔
☐ der Lift	In dieser Region gibt es viele Skilifte. 이 지역에는 많은 **스키 리프트**가 있어요.	(스키) 리프트
☐ der Campingplatz	Ich bin sozusagen am Campingplatz groß geworden. 저는 어떻게 보면 **캠핑장**에서 자랐습니다.	캠핑장
☐ die Stadtrundfahrt	In Berlin haben wir eine Stadtrundfahrt mit einem Doppeldeckerbus gemacht. 베를린에서는 2층 버스로 **시티 투어**를 했습니다.	시티 투어
☐ besichtigen	Den Stephansdom kann man auch in der Nacht besichtigen. 스테판 성당은 밤에도 **구경할** 수 있습니다.	구경하다
☐ die Sehenswürdigkeit	Diese Stadt hat so viele Sehenswürdigkeiten. 이 도시에는 **명소**가 매우 많습니다.	명소

134

☐ der
Städteausflug

Jeden Monat planen wir einen
Städteausflug in verschiedene Städte.
우리는 매달 다른 **도시 여행**을 계획했어.

도시 여행

☐ die Grenze

Die Ostsee und Nordsee sind natürliche
Grenzen von Deutschland.
동해와 북해는 독일의 자연적인 **국경선**입니다.

국경선

☐ die
Passkontrolle

Im EU Schengen Raum gibt es keine
Passkontrollen mehr.
유럽 연합 셍겐 지역에는 **여권 검사**가 더 이상 없습니다.

여권 검사

☐ der Zoll

Wenn man eine Ware über die Grenze
bringen möchte, muss man oft einen Zoll
zahlen.
물건을 국경선 너머로 가지고 오려면 종종 **관세**를
내야 합니다.

관세

1 빈칸에 알맞은 표현을 쓰세요.

> eine __alte__ Tasche (alt)

① ein _____ Finger (lang)

② ein _____ Mann (gutaussehend)

③ ein _____ Gesicht (fröhlich)

④ eine _____ Hand (große)

⑤ eine _____ Student (faul)

✓ **힌트**

형용사 혼합 변화(형용사 앞에 부정관사가 있을 때)

	남성	여성	중성	복수형
주격 (1격)	-er	-e	-es	-
목적격 (4격)	-en	-e	-es	-
여격 (3격)	-en	-en	-en	-
소유격 (2격)	-en	-en	-en	-

2 알맞은 형용사를 골라 쓰세요.

> schön   klein   ruhig   toll   neu   heiß   blau   kurz

> ein __blaues__ Meer

① ein___ _____ Stadt (die)

② ein___ _____ Sommer (der)

③ ein___ _____ Urlaub (der)

④ ein___ _____ Städteausflug (der)

⑤ ein___ _____ Hotel (das)

⑥ ein___ _____ Ort (der)

⑦ ein___ _____ Reise (die)

3 알맞은 형용사를 골라 쓰세요.

das ___blaue___ Meer

① d___ _____ Stadt

② d___ _____ Sommer

③ d___ _____ Urlaub

④ d___ _____ Städteausflug

⑤ d___ _____ Hotel

⑥ d___ _____ Ort

⑦ d___ _____ Reise

정답

1 ① ein langer Finger   ② ein gutaussehender Mann   ③ ein fröhliches Gesicht
  ④ eine große Hand   ⑤ eine faule Studentin
2 ① eine kleine Stadt   ② ein heißer Sommer   ③ ein toller Urlaub
  ④ ein kurzer Städteausflug   ⑤ ein neues Hotel   ⑥ ein ruhiger Ort
  ⑦ eine schöne Reise
3 ① die kleine Stadt   ② der heiße Sommer   ③ der tolle Urlaub
  ④ der kurze Städteausflug   ⑤ das neue Hotel   ⑥ der ruhige Ort
  ⑦ die schöne Reise

┌─ 알아 둘 사실

유럽 국가 공통의 출입국 관리 정책을 사용하는 셴겐협약(Schengen Agreement)은
국가 간의 통행에 제한 없이 다닐 수 있도록 한다.
유럽 셴겐 국가에 입국한 후 출입국 검사 없이 해당 국가를 자유롭게 여행할 수 있다:
오스트리아, 벨기에, 체코, 덴마크, 에스토니아, 프랑스, 독일, 그리스, 헝가리,
아이슬란드, 이탈리아, 라트비아, 리투아니아, 룩셈부르크, 네덜란드, 노르웨이,
폴란드, 포르투갈, 슬로바키아, 슬로베니아, 스페인, 스위스 등

☐ der Geburtstag	Ich wünsche dir alles Gute zum Geburtstag. 너의 **생일**을 진심으로 축하한다.	생일
☐ der Namenstag	In manchen Ländern ist der Namenstag genauso wichtig wie der Geburtstag. 어떤 나라에서는 **성명 축일**을 생일처럼 중요하게 생각한다.	성명 축일 (자기와 같은 이름의 성도의 날)
☐ Weihnachten	Das wichtigste Fest im Jahr ist aber Weihnachten. 그러나 연중 제일 중요한 축제는 **크리스마스**다.	크리스마스
☐ Ostern	Ich mag Ostern, weil mir der Osterhase Geschenke bringt. 부활절 토끼가 선물을 가져다줘서 나는 **부활절**을 좋아합니다.	부활절
☐ Pfingsten	Pfingsten ist ein christliches Fest, das 50 Tage nach Ostern stattfindet. **성령 강림제**는 부활절 50일 후에 있는 크리스천 공휴일입니다.	성령 강림제
☐ der Feiertag	Wie viele Feiertage pro Jahr gibt es in Deutschland durchschnittlich? 독일에서는 일년의 평균 **공휴일**이 며칠인가요?	공휴일
☐ Silvester	Silvester feiere ich immer mit meinen Freunden. **송구영신**은 항상 친구들하고 같이 보낸다. 참고 **Neujahr** 새해 　　 **Neujahrstag** 새해 첫날	송구영신

☐ Heiliger Abend	Am Heiligen Abend essen wir zu Hause Weihnachtsgans und dann gibt es Bescherung. 크리스마스 이브에는 집에서 함께 크리스마스 거위를 먹고 선물 교환을 한다. 유의어 Weihnachtsabend	크리스마스 이브
☐ Nikolaustag	Ich habe dir einen Schokoladennikolo mitgebracht, da heute Nikolaustag ist. 오늘 성 니콜라우스의 축일이라서 너에게 주려고 초콜릿으로 만든 니콜라우스를 가지고 왔다.	성 니콜라우스 축일 (12월 6일)
☐ der Advent	Advent, Advent, ein Lichtlein brennt. Erst eins, dann zwei, dann drei, dann vier, dann steht das Christkind vor der Tür. 강림절, 강림절, 불이 하나 켜 있네. 하나, 둘, 그 다음 셋과 넷, 그리고 산타 할아버지가 문 앞에 오셨다.	강림절 (크리스마스 전 4주간)
☐ schulfrei	Wegen Schnee und Eis haben wir heute schulfrei. 눈과 얼음 때문에 오늘은 학교가 쉰다.	휴교의
☐ Tag der deutschen Einheit	Am Tag der Deutschen Einheit gedenkt man an die deutsche Wiedervereinigung. 독일 통일의 날에는 독일 통일을 기념합니다.	독일 통일의 날 (10월 3일)
☐ Allerheiligen	Allerheiligen wird in vielen Ländern, wie Deutschland, Belgien, Österreich, Italien, Frankreich, usw. gefeiert. 만성절은 독일, 벨기에, 오스트리아, 이탈리아, 프랑스와 같은 많은 나라에서 공휴일로 기념합니다.	만성절 (11월 1일)

☐ Tag der Arbeit

Der erste Mai wird in Deutschland als Tag der Arbeit bezeichnet und ist ein gesetzlicher Feiertag.

5월 1일은 독일에서 **노동절**이며 공식적인 공휴일입니다.

노동절

☐ Karneval

An Karneval verkleiden sich nicht nur die Kinder, sondern auch Erwachsene mit Kostümen.

카니발 때는 어린이들만 변장하지 않고 어른들도 의상으로 변장합니다.

카니발

☐ die Taufe

Meine Nichte hat morgen ihre Taufe, und ich bin ihr Taufpate.

저의 조카는 내일 세례식이 있습니다, 그리고 저는 **대부**입니다.

대부

☐ die Konfirmation

Mit 14 Jahren kann man sich in Deutschland für eine Konfirmation entscheiden.

독일에서는 만 14세 때 **견진성사**를 받을 여부를 결정할 수 있습니다.

견진성사
(교인이
된다는 결정)

1 빈칸에 알맞은 표현을 쓰세요.

① Ich bedanke _____ für deine Hilfe.
도움을 줘서 고마워.

② Erinnerst du _____ an mich?
나를 기억하니?

③ Sie hat _____ wirklich verliebt?
그녀는 정말 사랑에 빠졌니?

④ Ihr habt _____ so gewundert.
너희들은 그렇게 놀랐다.

⑤ Wir merken _____ die Wörter schnell.
우리는 단어들을 빨리 외운다.

⑥ Sie haben _____ letzte Woche kennengelernt.
그들은 지난주에 서로 알게 되었다.

✓ **힌트**
재귀대명사(Reflexivpronomen)
(재귀동사와 같이 쓰는 대명사)

			4격
단수	1	ich	mich
	2	du	dich
	3	er/sie/es	sich
복수	1	wir	uns
	2	ihr	euch
	3	sie	sich

2 아래의 단어를 찾아보세요.

Z	S	G	S	S	H	G	M	W	V	H	W	G	R	C	O	T	P	J
T	I	I	F	L	I	S	R	G	N	Q	D	L	L	I	B	Y	I	Q
S	L	V	H	L	M	E	W	K	G	Y	P	Z	W	K	L	R	F	Q
B	V	N	K	T	N	C	G	H	J	C	B	R	X	A	B	I	Q	C
S	E	N	J	U	G	V	A	K	P	X	E	W	L	R	P	T	T	D
N	S	Y	U	G	A	X	T	L	Q	T	I	F	C	N	B	A	N	Q
E	T	E	Y	W	T	V	S	W	O	E	Z	O	O	E	I	U	E	I
T	E	K	Y	A	S	H	U	B	U	P	X	Z	E	V	V	F	V	M
S	R	D	L	F	N	V	A	D	W	O	U	P	M	A	M	E	D	S
G	O	T	Y	Z	E	G	L	E	Q	J	V	Q	X	L	E	S	A	P
N	R	S	J	M	M	E	O	K	Q	J	S	M	I	S	V	Q	G	K
I	M	Q	X	B	A	B	K	Z	S	N	H	G	X	S	O	T	Y	C
F	E	D	S	R	N	U	I	T	I	S	M	F	H	I	H	E	Y	I
P	D	E	O	Y	R	R	N	X	Q	V	K	M	E	V	A	N	R	M
M	W	B	B	K	I	T	Q	G	E	W	F	W	M	S	Q	T	C	Z
H	V	G	K	X	M	S	L	M	Y	M	Y	D	O	S	T	E	R	N
H	X	F	Y	R	X	T	H	K	U	F	I	U	R	H	Y	C	D	E
D	F	Q	G	J	B	A	W	E	I	H	N	A	C	H	T	E	N	R
K	K	D	C	Q	C	G	J	M	G	S	T	K	T	E	E	F	M	N

① WEIHNACHTEN   ② ADVENT

③ SILVESTER   ④ OSTERN

⑤ PFINGSTEN   ⑥ GEBURTSTAG

⑦ KARNEVAL   ⑧ TAUFE

⑨ NIKOLAUSTAG   ⑩ NAMENSTAG

1 ① mich   ② dich   ③ sich   ④ euch   ⑤ uns   ⑥ sich

VI

BILDUNG

교육

1 Schule 학교

☐ die Volksschule	Die Volksschule besucht man in Deutschland für vier Jahre. 독일에서는 **초등학교**를 4년 동안 다닙니다.	초등학교
☐ die Mittelschule	Die Mittelschule wird auch AHS Unterstufe genannt. **중학교**는 AHS(중등학교 하급 학년)라고도 합니다.	중학교
☐ die Hauptschule	Mein Bruder geht in die Hauptschule. Danach möchte er eine Lehre machen. 우리 오빠는 **기본 학교**에 다닙니다. 그런 후 직업을 배울 것입니다.	기본 학교
☐ die Realschule	Meine Schwester besucht die Realschule und macht ihren Realschulabschluss. 우리 언니는 **실업 학교**에 다니고 있고 실업 학교 졸업을 할 예정이다.	실업 학교
☐ das Gymnasium	Ich möchte auf ein mathematisch-naturwissenschaftliches Gymnasium gehen. 나는 수학 자연과학 **고교**에 가고 싶어요.	김나지움 (고교)
☐ die Gesamtschule	Die Gesamtschule ist sozusagen eine Kombination von Gymnasium, Realschule und Hauptschule. **종합 학교**는 고교, 실업 학교와 기본 학교를 통합한 학교입니다.	종합 학교
☐ das Abitur	Das Abitur ist die Befähigung zum Studium an einer Universität. **고등학교 졸업 시험**은 대학교에서 공부할 수 있는 자격을 줍니다.	고등학교 졸업 시험

☐ die Abendschule	Berufstätige Erwachsene können die Abendschule am Abend oder am Wochenende besuchen.	야간 학교
	직장 있는 어른들은 저녁 또는 주말에 **야간 학교**를 다닐 수 있습니다.	
☐ der Unterricht	Ich mag den Deutschunterricht am liebsten, denn wir haben viel Spaß.	수업
	저는 독일어 **수업**이 제일 좋습니다. 왜냐하면 너무 재미있기 때문입니다.	
☐ die Pause	Natürlich gibt es auch eine Pause, in der wir oft draußen einen Spaziergang machen.	휴식 시간
	당연히 **휴식 시간**도 있습니다. 그때 우리는 종종 밖에서 산책을 합니다.	
☐ die große Pause	Die große Pause in der Schule wird Hofpause genannt, denn alle Schüler müssen in den Hof hinaus.	긴 휴식 시간
	긴 휴식은 학교에서는 마당 휴식 시간이라고 합니다. 모든 학생이 마당으로 나가야 합니다.	
☐ das Pausenbrot	Als Pausenbrot habe ich heute ein Käsebrot und einen Apfel mit.	간식
	오늘 **간식**으로는 치즈 빵과 사과를 가져왔다.	
☐ der Nachmittags-unterricht	Nachmittagsunterricht haben wir nur einmal in der Woche, am Mittwoch.	오후 수업
	오후 수업은 일주일에 한 번뿐, 수요일에만 있습니다.	

☐ die
　Schulpflicht

In Deutschland dauert die Schulpflicht für Kinder zehn Jahre.

독일에서 **취학 의무**는 10년입니다.

취학 의무

☐ das
　Schuljahr

Ein Schuljahr besteht aus zwei Semestern und endet mit dem Beginn der großen Ferien.

한 **학년**은 2학기로 구성되어 있고 여름 방학 시작으로 끝납니다.

학년

☐ das
　Schulgeld

In Deutschland zahlt man für staatliche Schulen kein Schulgeld.

독일에서 국립학교는 **학비**를 내지 않습니다.

학비

☐ die
　Privatschule

Sind Privatschulen wirklich besser als staatliche Schulen?

사립학교는 정말 국립학교보다 더 좋은가요?

사립학교

1 빈칸에 알맞은 말을 쓰세요.

① Bitte wasch _____ schnell die Hände.

빨리 손을 씻어라.

② Seht _____ das an! Es schneit.

너희들 이것 봐봐! 눈이 오네.

③ Wir wollen _____ ein Eis kaufen.

우리는 아이스크림을 사 먹기 원해.

④ Kann ich _____ bitte deinen Kulli leihen?

너의 볼펜을 빌려가도 되겠니?

⑤ Warum kann er _____ die Nummer nicht merken?

왜 그는 번호를 못 외울까요?

⑥ Sie nehmen _____ einfach alles, was sie brauchen.

그들은 필요한 모든 것을 그냥 가져간다.

✓ **힌트**

재귀대명사 Reflexivpronomen

(재귀동사와 같이 쓰는 대명사)

			3격
단수	1	ich	mir
	2	du	dir
	3	er/sie/es	sich
복수	1	wir	uns
	2	ihr	euch
	3	sie	sich

정답

1 ① dir ② euch ③ uns ④ mir ⑤ sich ⑥ sich

독일에서 어린이는 만 6세가 되면 학교에 가기 시작한다. 초등학교는 4년이며 그런 후에 성적에 따라서 기본 학교, 실업 학교, 고교 또는 종합 학교에 진학한다. 독일의 의무 교육은 9년이다.

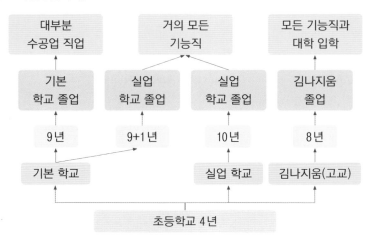

2 Uni und Weiterbildung 대학과 교육속행 `Track 26`

☐ die Fortbildung	In den Ferien gibt es viele Kurse zur Fortbildung. 방학 동안에는 **연수**를 위한 많은 강좌가 있습니다.	연수
☐ das Seminar	Letzten Samstag war ich auf einem Seminar über nachhaltige Kulturpolitik. 지난주 토요일에는 지속적인 문화 정치 **세미나**에 다녀왔습니다.	세미나
☐ der Kurs	Wie viele Kurse besuchst du dieses Semester? 이번 학기에는 몇 개의 **수업**을 들으세요?	수업
☐ das Studium	Begonnen habe ich mit meinem Studium schon vor drei Jahren. **대학 공부**는 이미 3년 전부터 시작했습니다.	대학 공부
☐ die Vorlesung	Für die Vorlesung morgen muss ich noch einiges vorbereiten. 내일 **강의**를 위해 아직 좀 준비를 해야 합니다.	강의
☐ die Studienrichtung	Alle Studienrichtungen sind hier sichtbar. 모든 **전공**을 여기서 볼 수 있습니다.	전공
☐ die Immatrikulation	Immatrikulation bezeichnet die Einschreibung an einer Universität oder Hochschule. **학적 등록**은 대학 또는 단과대학에 입학하는 것입니다. `반의어` die Exmatrikulation 퇴학	학적 등록
☐ die Zulassung	Bevor man die Zulassung erhält muss man eine Prüfung bestehen. **입학 허가**를 받기 전에 시험을 합격해야 합니다.	입학 허가

☐ der Hörsaal	Für diese Vorlesung ist der Hörsaal zu klein, denn viele müssen stehen. 이 강의를 하기에는 이 **강의실**이 너무 작아요. 많은 학생이 서 있어야 해요. 유의어 der Vorlesungssaal	강의실
☐ der Abschluss	Jetzt muss ich nur mehr meine Masterarbeit schreiben, damit ich meinen Abschluss erhalte. **졸업**을 하기 위해 이제 석사 논문만 쓰면 됩니다.	졸업
☐ der Bachelor	Der Bachelor ist der erste Abschluss in einem Studium. **학사**는 대학의 첫 번째 학위입니다.	학사
☐ das Masterstudium	Nach meinem Bachelorabschluss fing ich mit dem Masterstudium an. 학사가 끝난 후에 **석사** 공부를 시작했습니다.	석사
☐ ECTS	ECTS ist die Abkürzung von European Credit Transfer System und wird in Europa angewendet. **ECTS**는 유럽 학점 인정 시스템의 약자이며 유럽에서 사용됩니다.	ECTS (학점 인정 시스템)
☐ die Lehr-veranstaltung	Der Begriff Lehrveranstaltung umfasst alle Unterrichtsformen: Vorlesungen, Tutorien, Übungen und Seminare. **강좌**는 모든 수업 형태를 포함합니다: 강의, 튜터링, 실습과 세미나.	강좌
☐ die Note	Die Noten sind: Sehr gut, gut, befriedigend, genügend und nicht genügend **성적**은 매우 잘함, 잘함, 만족스러움, 충분함, 모자람 입니다.	성적

☐ die Fakultät

Fakultät bezeichnet eine Reihe von Wissenschaftsgebieten an einer Universität.

단과대학은 한 대학에서 한 과와 관련된 전공 분야를 말합니다.

단과대학

☐ lebenslanges Lernen

Lebenslanges Lernen gibt den Menschen die Möglichkeit, während ihres gesamten Lebens zu lernen.

평생 교육은 사람들에게 사는 동안에 공부할 수 있는 기회를 줍니다.

평생 교육

☐ das Pflichtfach

Fremdsprachen zählen zu den Pflichtfächern.

외국어는 **필수 과목**입니다.

반의어 das Wahlfach 선택 과목

필수 과목

1 다음 문장을 과거형과 현재완료형으로 쓰세요.

> Ich frage ihn. 나는 그에게 질문한다.
>
> | Ich fragte ihn. | Ich habe ihn gefragt. |
> | --- | --- |

① Wir bitten dich. 우리는 너에게 부탁한다.

② Sie ruft ihn an. 그녀는 그에게 전화를 건다.

③ Du kommst nicht. 너는 오지 않는다.

④ Ihr seht fern. 너희들은 TV를 본다.

⑤ Sie hören Musik. 그들은 음악을 듣는다.

✓ 힌트

Präteritum
- 규칙 동사: 동사 어간 + t + 어미
  sagen - sagte, sagtest, sagte, …
- 불규칙 동사: 과거형 어간 + 어미
  rufen - rief, riefst, rief, riefen, …
- 혼합 동사: 과거형 어간 + 어미
  bringen - brachte, brachtest, …

현재완료 Perfekt (haben/sein + PP)
- 규칙 동사: ge + 과거형 어간 + t
  hören - gehört
- 불규칙 동사: ge + 과거형 어간 + en
  verstehen- verstanden

1 ① Wir baten dich. Wir haben dich gebeten.　② Sie rief ihn an. Sie hat ihn angerufen.
　③ Du kamst nicht. Du bist nicht gekommen.　④ Ihr saht fern. Ihr habt ferngesehen.
　⑤ Sie hörten Musik. Sie haben Musik gehört.

참고 지식

독일 대학교에서 인기 있는 학과

	남자	여자
1	경제학	경제학
2	기계 제작	독문학
3	정보 과학	의학
4	전기 공학	법학
5	법학	교육학
6	산업 공학	영문학
7	산업 과학	생물학
8	의학	산업 공학
9	산업 정보 과학	심리학
10	물리학	수학

참고 인용문

Es gibt nur eins, was auf Dauer teurer ist als Bildung, keine Bildung.

(John F. Kennedy)

▶ 장기적으로 봤을 때 교육보다 더 돈이 많이 드는 것은 무교육이다. (존 F. 케네디)

Hohe Bildung kann man dadurch beweisen, dass man die kompliziertesten

Dinge auf einfache Art zu erläutern versteht. (George Bernard Shaw)

▶ 수준 높은 교육을 증명할 수 있는 방법은 매우 복잡하고 어려운 것을 쉬운 방법으
로 설명하는 것이다. (조지 버나드 쇼)

3 Sprachkurs 어학연수

☐ die Sprachschule
In England habe ich eine Sprachschule besucht.
영국에서 **어학원**에 다녔습니다.
어학원

☐ der Sprachkurs
Der Sprachkurs beginnt nächsten Montag um 8 Uhr morgens.
어학 수업은 다음 주 월요일 오전 8시에 시작한다.
어학 연수

☐ der Einstufungstest
Am Freitag kommen Sie um 13 Uhr zum Einstufungstest.
금요일 오후 1시에 오셔서 **레벨 테스트**를 보세요.
레벨 테스트

☐ das Niveau
Mit diesem Ergebnis wird dann Ihr Niveau ermittelt.
그 결과로 당신의 **레벨**이 정해집니다.
레벨

☐ die Fremdsprache
In Europa lernen die meisten Schüler mehrere Fremdsprachen.
유럽에서는 학생들 대부분이 여러 **외국어**를 배운다.
외국어

☐ die Muttersprache
Meine Muttersprache ist Persisch, aber ich spreche auch Arabisch und Deutsch.
제 **모국어**는 페르시아어지만 저는 아랍어와 독일어도 합니다.
모국어

☐ das Ausland
Warum willst du ins Ausland fahren?
너는 왜 **외국**에 가고 싶니?
반의어 das Inland 국내
외국

☐ die Kultur
Da kann man die Kultur am besten erfahren.
거기에서 **문화**를 제일 잘 경험할 수 있기 때문이다.
문화

☐ wiederholen	Können Sie das bitte nochmals wiederholen? 다시 한 번 **반복해** 주실 수 있어요?	반복하다
☐ der Kursteilnehmer die Kursteilnehmerin	In dieser Sprachschule gibt es zu viele Kursteilnehmer. 이 어학원에는 **수업 참가자**가 너무 많다.	(남/여) 수업 참가자
☐ der Lernerfolg	Den Erfolg, den man durch das Lernen erzielt, nennt man „Lernerfolg". 공부로 얻는 성공은 '**학업 성과**'라고 한다. 반의어 **Lernmisserfolg** 학업 실패 참고 **Lernergebnis** 학업 결과	학업 성과
☐ der Spaß	Es macht mir großen Spaß, Deutsch zu lernen. 독일어를 배우는 것은 큰 **즐거움**을 줍니다.	즐거움, 재미
☐ die Kursgebühr	Die Kursgebühr ist auch sehr günstig. **수업료**도 매우 저렴하다.	수업료
☐ der Austausch-student / die Austausch-studentin	Ich bin ein Austauschstudent aus Korea. 나는 한국에서 온 **교환학생**이야. 참고 **das Austauschstudium** 교환학업	교환학생

☐ Zertifikat
Deutsch

Zertifikat Deutsch ist eine international
anerkannte Prüfung.
독일어 능력 시험은 국제적으로 인정받은 시험입니다.
유의어 ZD (Zertifikat Deutsch 약자)

독일어
능력 시험

☐ das Goethe
Institut

Im Goethe Institut Seoul gibt es heute
einen interessanten Vortrag.
서울 **독일 문화원**에서 오늘 흥미로운 강의가 있어요.

독일
문화원

☐ anmelden

Ich möchte mich für den Sprachkurs
anmelden.
어학 수업에 **등록하고** 싶습니다.
참고 die Anmeldung 등록

등록하다

☐ der
Vormittagskurs

Gibt es noch einen Platz im Deutsch
Vormittagskurs?
독일어 **오전반**에 아직 자리가 있나요?
반의어 der Nachmittagskurs 오후반

오전반

☐ der
Anfänger

Wir waren beide Anfänger und konnten
kein Wort sagen.
우리는 둘 다 **초보자**였고 한 마디도 못했다.
반의어 der Fortgeschrittene 상급자

초보자

1 빈칸을 채워 보세요.

단수	복수
① der Anfänger	die _____
② der Sprachkurs	die _____
③ der Austauschstudent	die _____
④ die Austauschstudentin	die _____
⑤ das Ausland	die _____
⑥ die Muttersprache	die _____
⑦ das Institut	die _____
⑧ der Test	die _____

✓ **힌트**
복수형

단수	복수	
der Sessel	die Sessel	단수형과 복수형이 동일함.
der Garten	die Gärten	모음에 움라우트 ¨ 추가
der Tisch	die Tische	- e 추가
die Bank	die Bänke	- e와 움라우트 ¨ 추가
das Bild	die Bilder	- er 추가
das Buch	die Bücher	- er와 움라우트 ¨ 추가
die Zeitung	die Zeitungen	- en 추가
das Hotel	die Hotels	- s 추가

1 ① die Anfänger ② die Sprachkurse ③ die Austauschstudenten
④ die Austauschstudentinnen ⑤ die Ausländer ⑥ die Muttersprachen
⑦ die Institute ⑧ die Tests

독일어 능력 시험(Goethe Zertifikat)은 세계적으로 인정된 자격증이다. 시험 수준은 A1부터 C2까지 레벨이 있다. 괴테 인스티튜트의 독일어 시험은 유럽 공통 참조 기준 (CEFR)에 단계가 맞추어져 있다.
시험 영역은 읽기, 쓰기, 듣기와 말하기다.

수준	내용
A1	스스로 또는 타인을 소개하고, 그에 관한 기초적인 질문 및 대답을 할 수 있다.
A2	사람, 직장, 주변 환경 등과 관련된 사항을 묘사할 수 있다.
B1	주제와 관련하여 간단히 자신을 표현할 수 있고, 희망, 목적, 의도 등을 묘사/설명할 수 있다.
B2	주어진 주제에 관해 명확히 묘사할 수 있고, 현실적인 질문과 대답, 장단점을 제시할 수 있다.
C1	명확하고 체계적으로 복잡한 상황을 표현하고, 적합하고 다양한 문장 연결 표현을 사용한다.
C2	언어의 다양한 표현에서 세부적인 의미의 미묘한 차이를 분명히 구분할 수 있다.

GESUNDHEIT UND KRANKHEIT

건강과 질병

1 Körper 우리의 몸

☐ das Auge

Mein Opa ist etwas älter, aber er hat noch sehr gute Augen.

우리 할아버지는 연세가 드셨지만 아직 **시력**이 아주 좋습니다.

눈

☐ die Nase

Im Winter ist meine Nase immer so kalt.

겨울에는 내 **코**가 항상 이렇게 차가워.

코

☐ der Mund

Halte doch den Mund. Ich hab doch gesagt, dass ich nicht mit dir sprechen will.

입 좀 다물어. 너랑 말하기 싫다고 했잖아.

입

☐ das Ohr

Deine Ohren sind ganz rot. Vielleicht hast du ja Fieber!

너의 **귀**가 아주 빨개. 열이 있는지도 몰라.

귀

☐ der Hals

Mein Hals tut sehr weh. Ich denke, ich bekomme eine Erkältung.

저는 **목**이 많이 아파요. 제 생각에 감기에 걸린 것 같아요.

목

☐ die Augenbraue

Sie zog ihre linke Augenbraue hoch und starrte mich an.

그녀는 왼쪽 **눈썹**을 올리고 나를 쳐다봤다.

참고 die Wimper 속눈썹

눈썹

☐ die Schulter

Mein Freund hat wirklich breite Schultern.

제 남자 친구는 **어깨**가 정말 넓습니다.

어깨

☐ der Rücken

Ich möchte besonders meinen Rücken trainieren und die Muskeln stärken.

저는 특히 **등** 운동을 하고 근육을 강화시키고 싶습니다.

등

| der Arm | Heben Sie beide Arme in die Höhe und atmen Sie tief ein. | 팔 |
| | 두 **팔**을 높이 들고 깊게 숨을 들이마시세요. | |

| die Hand | Warum gibst du ihr nicht die Hand? Hast du Angst? | 손 |
| | 왜 그녀와 악**수**를 하지 않니? 무섭니? | |

der Finger	Die Finger heißen: Daumen, Zeigefinger, Mittelfinger, Ringfinger und kleiner Finger.	손가락
	손가락의 이름은 엄지, 검지, 중지, 약지와 새끼손가락입니다.	
	참고 der Fingernagel 손톱 der Daumen 엄지	

der Bauch	Heute Abend habe ich zu viel gegessen. Sieh dir meinen Bauch an!	배
	오늘 저녁에 너무 많이 먹었다. 내 **배** 좀 봐라.	
	참고 der Bauchnabel 배꼽	

| die Hüfte | Beim Sport habe ich mir gestern die Hüfte verletzt. | 허리 |
| | 저는 어제 운동하다가 **허리**를 다쳤습니다. | |

| das Bein | Welches Bein soll vorne sein? Das linke oder das rechte? | 다리 |
| | 어떤 **다리**가 앞에 있어야 하나요? 왼쪽 아니면 오른쪽? | |

| der Fuß | Heute bin ich viel gelaufen. Die Füße tun mir weh. | 발 |
| | 오늘은 많이 걸어 다녔습니다. **발**이 아프네요. | |

☐ das Knie

Ich habe ein Muttermal auf meinem linken Knie.

저는 왼쪽 **무릎**에 점이 있습니다.

참고 die Kniescheibe 슬개골

무릎

☐ das Gesicht

Drück dein Gesicht nicht gegen die Glastür!

유리문에 너의 **얼굴**을 누르지 마라!

얼굴

☐ der Kopf

Ich habe so viele andere Dinge im Kopf.

제 **머릿**속은 다른 일로 가득합니다.

머리

☐ das Herz

Wenn sie ihn sieht, dann schlägt ihr Herz schneller.

그녀는 그를 보면 **심장**이 빨리 뛴다.

참고 die Lunge 폐

심장

☐ der Knochen

Der menschliche Knochen besteht aus verschiedenen Gewebearten.

사람의 **뼈**는 여러 가지의 조직으로 구성되었습니다.

뼈

☐ das Blut

Der Mann hat durch den Unfall viel Blut verloren.

남자는 사고로 **피**를 많이 잃었습니다.

피

1 제시된 단어를 활용하여 빈칸에 알맞은 말을 쓰세요.

| wen | was | wessen | wem | wer |

① _____ trägt eine Brille?

② _____ willst du trinken?

③ _____ Buch ist das?

④ _____ möchtest du sprechen?

⑤ _____ hast du das Geschenk gegeben?

| welchem | welche | welcher | welches | welchen |

⑥ _____ Sprache spricht man in Deutschland?

⑦ _____ Jahr haben wir jetzt?

⑧ _____ Schlüssel passt?

⑨ _____ Bus müssen wir nehmen?

⑩ _____ Freund soll ich helfen?

✓ 힌트
의문대명사(Fragepronomen)
- wer/wessen/wem/wen/was는 명사 대신 사용되고 어미가 변합니다.
- welcher/welche/welches/welchem/welchen는 명사와 같이 사용되고 명사에 따라서 변합니다.

2 제시된 단어를 활용하여 빈칸에 알맞은 말을 쓰세요. (복수형 주의)

Zehen	Hals	Haar	Mund	Bein	Augenbrauen
Arm	Ohr	Finger	Zahn	Nase	

① An der Hand hat man zehn _____.

② Mit den _____ kann man jemanden umarmen.

③ Im Mund hat man weiße _____.

④ Die _____ sind über den Augen.

⑤ Auf dem Kopf sind die _____.

⑥ Mit den _____ können wir hören.

⑦ Zwischen Kopf und Schultern ist der _____

⑧ Mit den _____ können wir gehen.

⑨ Am Fuß hat man zehn _____.

⑩ Im Gesicht hat man Augen, _____ und _____.

정답

1 ① Wer ② Was ③ Wessen ④ Wen ⑤ Wem
　　⑥ Welche ⑦ Welches ⑧ Welcher ⑨ Welchen ⑩ Welchem
2 ① Finger ② Armen ③ Zähne ④ Augenbrauen ⑤ Haare
　　⑥ Ohren ⑦ Hals ⑧ Beinen ⑨ Zehen ⑩ Mund, Nase

2 **Befinden** 건강 상태

Track 29

☐ das Befinden	Das Befinden bezeichnet den körperlichen und seelischen Allgemeinzustand. **상태**는 육신과 정신적인 상태를 말하는 것입니다.	상태
☐ die Krankheit	Ihre Krankheit belastet sie und ihre Familie sehr. 그녀의 **질병**은 그녀와 그녀의 가족에게 많은 부담을 줍니다. **반의어** die Gesundheit 건강	질병
☐ die Grippe	Diesen Winter hatte ich kein einziges Mal Grippe. 이번 겨울에는 한 번도 **독감**에 걸리지 않았다. **참고** die Erkältung der Schnupfen 코감기	독감
☐ die Gesundheit	Achte auf deine Gesundheit, denn sie ist das wichtigste, das du hast. **건강**을 조심해라, 왜냐하면 네가 갖고 있는 것 중에 제일 중요하기 때문이다.	건강
☐ gesund	Auch wenn Sie gesund sind, sollten Sie unbedingt einen Gesundheitscheckup machen. 당신이 아무리 **건강하**더라도 건강검진은 꼭 하는 것이 좋습니다.	건강하다, 건강한
☐ krank	Ich war letzte Woche krank, darum konnte ich nicht kommen. 저는 지난주에 **아파서** 오지 못했습니다.	아프다, 아픈
☐ wohlauf	Ich bin beruhigt, dass er gesund und wohlauf ist. 그가 건강하고 **무사해**서 안심이 됩니다.	무사한, 건강한

☐ gestresst	Junge Eltern sind oft müde und gestresst. 젊은 부모들은 종종 피곤하고 **스트레스가 많습니다.** **반의어** entspannt 여유 있는 **참고** der Stress 스트레스	스트레스 많은
☐ das Wohlbefinden	Wir sind um das Wohlbefinden unserer Gäste bemüht. 저희는 손님들이 **편안**하시도록 노력합니다.	편안, 행복, 안녕, 건강
☐ der Lebensstil	Ein Lebensstil ist keine temporäre Gewohnheit, sondern ein fester Bestandteil des Lebens. **생활 방식**은 일시적인 습관이 아니며 삶의 고정된 부분입니다.	생활 방식
☐ der Vegetarier	Meine Eltern sind Vegetarier, aber ich bin keine Vegetarierin mehr. 제 부모님은 **채식주의자**이지만, 저는 더는 아닙니다. **참고** der Vegetarismus 채식주의	채식주의자
☐ die Massage	Mein Rücken tut so weh, eine Massage wäre wirklich toll. 내 등이 너무 아파서 **마사지** 받으면 정말 좋겠다.	마사지
☐ die Meditation	Zu Beginn des Unterrichts, sitzen wir im Kreis für die Meditation. 수업을 시작할 때 원 모양으로 앉아서 **명상**을 합니다.	명상
☐ die Aromatherapie	Mir hat die Aromatherapie sehr geholfen. 저는 **향료 치료**의 효과를 많이 보았습니다.	향료 치료

166

☐ erschöpft	Am Ende der Woche bin ich total erschöpft. 일주일이 끝나면 저는 매우 **피곤합니다**. 🖉 유의어 müde	피곤한
☐ angespannt	Angespannt warteten wir alle ab, wie das Urteil ausfallen würde. 모두 **긴장한** 모습으로 판결이 어떻게 될지 기다리고 있었다.	긴장한
☐ nervös	Ich habe die schlechte Angewohnheit an meinen Nägeln zu kauen, wenn ich nervös bin. 저는 **떨리면** 손톱을 물어뜯는 좋지 않은 버릇이 있습니다.	떨린
☐ zufrieden	Mit dem Ergebnis bin ich zufrieden. Ich verlange nicht mehr. 저는 결과에 **만족합니다**. 더 이상 요구하지 않습니다. 🖉 반의어 unzufrieden 불만족한	만족한
☐ hoffnungsvoll	Jeder Tag ist ein Geschenk. Darum sollten wir immer hoffnungsvoll sein. 매일이 선물입니다. 그래서 우리는 항상 **희망차야** 합니다. 🖉 반의어 hoffnungslos 희망 없는	희망찬
☐ ängstlich	Das kleine Kind war ängstlich und versteckte sich hinter der Tür. 작은 아이는 **겁이 나서** 문 뒤에 숨었습니다.	겁이 난

1 빈칸에 알맞은 말을 쓰세요.

zum	bei einer	nach	in die	zu einer
in der	zu	imbeim	ins	

Wo bist du?

① Ich bin _____ Freundin. 나는 친구 집에 있다.

② Ich bin _____ Arzt. 나는 개인 병원에 있다.

③ Ich bin _____ Schule. 나는 학교에 있다.

④ Ich bin _____ Kino. 나는 영화관에 있다.

⑤ Ich bin _____ Hause. 나는 집에 있다.

Wohin gehst du?

⑥ Ich gehe _____ Freundin. 나는 친구 집에 간다.

⑦ Ich gehe _____ Arzt. 나는 개인 병원으로 간다.

⑧ Ich gehe _____ Schule. 나는 학교에 간다.

⑨ Ich gehe _____ Kino. 나는 영화관에 간다.

⑩ Ich gehe _____ Hause. 나는 집으로 간다.

> ✓ **힌트**
> **전치사 – 장소 (Präposition – lokal)**
> 전치사는 2격, 3격, 4격을 요구하고
> Wo? (어디?) 질문에는 3격이,
> Wohin? (어디로?) 질문에는 4격이 요구됩니다.

2 ①~⑥에 맞는 단어를 쓰세요.

① 명상 　　② 스트레스 　　③ 채식주의
④ 코감기 　　⑤ 질병 　　　⑥ 건강

1 ① bei der 　② beim 　③ in der 　④ im 　⑤ zu 　⑥ zu der 　⑦ zum
　 ⑧ in die 　⑨ ins 　⑩ nach
2 ① Meditation 　② Stress 　③ Vegetarismus 　④ Schnupfen
　 ⑤ Krankheit 　⑥ Gesundheit

3 Verletzung und Krankheit 부상과 질병 Track 30

☐ gebrochen

Ich habe mir beim Skifahren mein Bein gebrochen.
스키를 타다가 다리가 **부러졌습니다**.

참고 der Bruch 골절

부러진

☐ der Gips

Jetzt muss ich für 8 Wochen einen Gips tragen.
이제 8주 동안 **깁스**를 해야 합니다.

깁스

☐ die Schmerzen

All diese Medikamente helfen mir gegen die Schmerzen.
이 모든 약은 **통증**에 도움이 됩니다.

통증

☐ die Kopfschmerzen

Heute habe ich so starke Kopfschmerzen, dass ich nicht zur Arbeit kommen kann.
오늘은 **두통**이 너무 심해서 직장에 못 가겠습니다.

두통

☐ die Zahnschmerzen

Mein Kind hat Zahnschmerzen. Ich bringe es heute zum Zahnarzt.
우리 아이가 **치통**이 있습니다. 오늘 데리고 치과에 갑니다.

치통

☐ die Bauch-schmerzen

Bauchschmerzen können verschiedene Gründe haben, z.B. Verdauungsstörungen.
복통은 여러 가지의 이유가 있을 수 있습니다. 예를 들면 소화 불량.

복통

☐ die Halsschmerzen

Ingwertee hilft bei Halsschmerzen, Sie sollten es einmal probieren.
인후통에는 생강차가 좋아요. 한번 드셔 보세요.

참고 der Ingwer 생강

인후통

☐ die Verletzung ✎	Die Verletzung ist nicht so schlimm wie sie aussieht. **부상**은 보이는 것처럼 그렇게 심각하지 않아요.	부상
☐ die Verstauchung ✎	Sie haben nur eine leichte Verstauchung. 약간 **삔** 것뿐입니다.	삠
☐ der Knöchel ✎	Zum Glück hast du dir nicht den Knöchel gebrochen. 다행이 **발목**이 부러지지 않았다. **참고** verstauchter Knöchel 삔 발목	발목
☐ die Sportverletzung ✎	Eine häufige Sportverletzung ist der Riss des Kreuzbandes. 운동할 때 자주 손상되는 것은 **십자인대**입니다.	십자 인대
☐ der Unfall ✎	Auf der Autobahn ist ein Unfall passiert, und es gibt einen kilometerlangen Stau. 고속도로에 **사고**가 있어서 수 킬로에 이르는 교통 정체가 있습니다.	사고
☐ die Prellung ✎	Eine Prellung entsteht durch einen Stoß oder Schlag. **멍**은 부딪치거나 맞아서 생깁니다. **유의어** der Bluterguss	멍
☐ die Halsentzündung ✎	Er liegt im Bett mit Fieber und einer Halsentzündung. 그는 열과 **인두염**으로 침대에 누워 있습니다.	인두염

☐ das Fieber

Ab 39 Grad Körpertemperatur nennt man es Fieber.

39도 이상의 체온은 **열**이라고 한다.

열

☐ der Verband

Warum hast du einen Verband an deiner Hand? Hast du dich verletzt?

왜 왼손에 **붕대**를 감았니? 어디 다쳤니?

붕대

☐ der Muskelkater

Vom Laufen gestern habe ich stark einen Muskelkater.

어제 조깅해서 심한 **근육통**을 앓고 있다.

근육통

☐ das Pflaster

Hast du ein Pflaster für mich? Ich habe mich geschnitten.

반창고 있니? 손을 베었어.

참고 geschnitten 벤

반창고

1 빈칸에 알맞은 3격, 4격 전치사를 쓰세요.

an	auf	hinter	im	neben	über	unter	vor	zwischen

① Das Bild steht ＿＿＿＿＿＿ dem Tisch.

② Die Katze schläft ＿＿＿＿＿＿ dem Sofa.

③ Ich bin ＿＿＿＿＿＿ Büro.

④ Die Apotheke ist ＿＿＿＿＿＿ dem Postamt.

⑤ Das Bild hängt ＿＿＿＿＿＿ dem Bett.

⑥ Verstecken wir uns ＿＿＿＿＿＿ dem Vorhang!

⑦ Die CD lag ＿＿＿＿＿＿ zwei Büchern.

⑧ ＿＿＿＿＿＿ die Wand darf ich nichts hängen.

⑨ Der Bus fährt genau ＿＿＿＿＿＿ die Schule.

✓ 힌트

전치사 – 장소(Präposition – lokal)

an, auf, hinter, in, neben, über, unter, vor,
zwischen는 3격, 4격 모두 사용됩니다.
3격 (어디? Wo?)
4격 (어디로? Wohin?)

2 제시된 단어를 활용하여 문장을 만들어 보세요.

① Ich habe ··· schmerzen.

● 머리 ● 치아 ● 발 ● 배 ● 등 ● 귀

② Mein/e ··· tut/tun weh.

● 다리 ● 눈 ● 코 ● 손 ● 허리 ● 목

참고 숙어

Abwarten und Tee trinken.

▶ 인내를 가지고 조용히 지켜보다.

Unglück ist auch gut. Ich habe viel in der Krankheit gelernt, das ich
nirgends in meinem Leben hätte lernen können. (J.W. von Goethe)

▶ 불행도 좋은 점이 있습니다. 질병이 있을 때 삶의 어떤 곳에서도 배울 수 없는 것을
 많이 배웠습니다. (요한 볼프강 폰 괴테)

Dem Gesunden fehlt viel, dem Kranken nur eins.

▶ 건강한 사람은 많은 것이 부족하고 아픈 사람은 딱 한 가지만 부족하다.

4 Im Krankenhaus 병원에서 [Track 31]

☐ die
  Notaufnahme

Sogar in der Notaufnahme mussten wir zwei Stunden warten.
응급실에서도 2시간을 기다려야 했다.

유의어 die Notfallambulanz
die Notfallstation
die Rettungsstelle

응급실

☐ der
Verbandkasten

Wo steht der Verbandkasten? Wir brauchen schnell Mullbinden.
구급 상자가 어디에 있니? 무명 붕대가 빨리 필요해.

유의어 der Erste-Hilfe-Kasten
참고 die Mullbinde 무명 붕대

구급 상자

☐ die Spritze

Schon seit meiner Kindheit habe ich schreckliche Angst vor Spritzen.
어렸을 때부터 **주사**를 매우 무서워했습니다.

주사

☐ das
Fieber-
thermometer

Digitale Fieberthermometer sind einfach und schnell zu benutzen.
디지털 **열 온도계**는 쉽고 빠르게 사용할 수 있다.

열 온도계

☐ das
Stethoskop

Das Stethoskop wurde von einem Franzosen erfunden.
청진기는 프랑스 사람이 발명했다.

청진기

☐ die Pinzette

Mit der Pinzette kann ich den Schiefer herausziehen.
핀셋으로 나무조각을 뺄 수 있을 거야.

핀셋

☐ die Krücke

Drei bis vier Wochen brauchen Sie dann die Krücken.
3주에서 4주 동안은 **목발**이 필요합니다.

목발

☐ die Medizin	Der Fortschritt der Medizin ist überwältigend.	의학
	의학의 발전은 압도적입니다.	
☐ die Trage	Es war nicht einfach zu sehen, wie er auf der Trage weggebracht wurde.	들것
	그가 들것에 실려가는 것을 보는 것은 쉽지 않았습니다.	
	유의어 **Tragbahre**	
☐ die Wärmflasche	Ich habe Bauchschmerzen. Kann ich bitte eine Wärmflasche haben?	물주머니
	배가 아파요. 물주머니 해 주세요.	
☐ der Rollstuhl	Seit dem Unfall sitzt sie im Rollstuhl.	휠체어
	사고 후에 그녀는 휠체어를 타야 한다.	
☐ die Salbe	Wir geben eine Salbe und ein Pflaster darauf, und schon ist alles gut.	연고
	연고를 바르고 반창고를 붙이면 괜찮을 거야.	
☐ röntgen	Du musst dich so bald wie möglich röntgen lassen.	엑스레이
	되도록 빨리 엑스레이를 찍어야겠어.	
☐ untersuchen	Ich habe mich untersuchen lassen, aber der Arzt konnte nichts finden.	진찰
	의사에게 진찰을 받았는데 아무것도 발견하지 못했습니다.	
☐ der Warteraum	Im Warteraum war es so heiß, dass man kaum atmen konnte.	대기실
	대기실은 더워서 숨쉬기 어려웠습니다.	

□ die Ambulanz	Sie sind hier in der Augenambulanz. Die Kinderambulanz ist weiter hinten. 여기는 안과 외래 진료부예요. 소아 **외래 진료부**는 더 뒤쪽에 있습니다.	외래 진료부
□ der Rettungswagen	Der Rettungswagen war sehr schnell am Unfallort. **구급차**는 사고 현장에 빨리 도착했다.	구급차
□ der Notarzt	Der Notarzt kümmerte sich gut um alle Verletzten. **구급 당직 의사**는 부상자들을 잘 돌보아주셨습니다.	구급 당직 의사
□ das Medikament	Seit zwei Wochen nehme ich das Medikament, aber es zeigt keine Wirkung. 이 **약**을 복용한 지 2주가 됐지만 아무 효과가 없어요. 참고 die Tablette 알약	약
□ der Patient	Der Patient wird heute Vormittag operiert. **환자**는 오늘 오전에 수술받을 것이다. 참고 operieren 수술 하다	환자
□ die Operation	Dr. Handke hat gerade eine Operation. Kann ich ihm etwas ausrichten? 한트케 선생님은 지금 **수술** 중이십니다. 메시지를 남기시겠어요?	수술

1 다음 문장을 명령형으로 쓰세요.

> auf den Stuhl – sich setzen
>
> (du) **Setz** dich auf den Stuhl!
>
> (Sie) **Setzen** Sie sich auf den Stuhl!

① im Warteraum – warten

(du) _____!

(Sie) _____!

② den Notarzt rufen

(du) _____!

(Sie) _____!

③ das Medikament nehmen

(du) _____!

(Sie) _____!

④ im Bett bleiben

(du) _____!

(Sie) _____!

✓ 힌트

명령형(Imperativ)

명령형을 만드는 법: 동사 2인칭을 만들고 - st를 지웁니다.

동사원형	2인칭 단수	명령형
kommen	kommst	Komm!
essen	isst	Iss!

2 아래의 단어를 찾아보세요.

Q	D	D	W	P	C	B	I	W	J	C	A	R	R	L	O	Y	U	O	I
P	J	S	P	G	T	Z	V	G	D	U	W	Q	N	I	P	U	D	X	R
W	P	I	M	E	D	I	K	A	M	E	N	T	C	T	S	W	K	C	T
Q	A	E	E	P	J	V	W	Q	K	R	A	N	K	E	N	H	A	U	S
V	T	E	Z	T	I	R	P	S	Z	X	O	U	W	R	N	F	M	V	H
O	I	N	K	U	E	I	C	B	F	J	U	D	M	K	M	M	K	I	I
M	E	C	K	Z	X	F	S	P	R	F	Y	X	B	J	T	U	O	A	P
K	N	B	K	V	S	L	A	Z	I	V	B	D	J	B	L	K	U	D	J
O	T	F	I	E	B	E	R	T	H	E	R	M	O	M	E	T	E	R	Z
W	X	C	D	Y	E	X	E	F	O	T	Q	C	X	P	Q	Z	F	E	F
B	J	V	F	V	O	P	E	R	A	T	I	O	N	L	Q	P	R	U	Q
T	P	X	I	R	Y	S	H	V	F	B	V	B	A	Z	B	X	W	E	G
Y	J	E	K	C	Ü	R	K	Z	D	F	S	Q	L	Q	X	G	Q	F	Q
P	S	J	X	R	M	O	P	G	E	J	I	K	O	O	E	C	Y	X	F
P	K	B	I	R	E	T	T	U	N	G	S	W	A	G	E	N	Q	C	E
S	X	Y	M	R	L	U	S	T	E	T	H	O	S	K	O	P	A	K	O
S	Y	W	W	F	M	J	E	F	S	G	G	S	A	R	K	W	T	V	W
P	J	M	V	L	H	U	T	S	L	L	O	R	B	U	M	Z	E	O	A
B	O	L	K	N	B	C	R	N	O	G	N	U	C	K	I	C	U	K	X
C	P	T	Z	S	U	Q	B	B	C	E	P	J	O	F	V	D	P	L	Y

① KRANKENHAUS ② SPRITZE

③ FIEBERTHERMOMETER ④STETHOSKOP

⑤ KRÜCKE ⑥ MEDIKAMENT

⑦ ROLLSTUHL ⑧ RETTUNGSWAGEN

⑨ OPERATION ⑩ PATIENT

정답

1 ① Warte im Warteraum! / Warten Sie im Warteraum!
② Ruf den Notarzt! / Rufen Sie den Notarzt!
③ Nimm das Medikament! / Nehmen Sie das Medikament!
④ Bleib im Bett! / Bleiben Sie im Bett!

SOZIALE
KONTAKTE

사회적 관계

1 Freunde, Bekannte 친구, 지인

☐ der Freund die Freundin	Darf ich vorstellen, das ist mein Freund Paul. 소개해도 될까요? 이쪽은 제 남자 **친구** 폴입니다. **참고** der beste Freund / die beste Freundin (남, 여) 절친	(남, 여) 친구
☐ älter	Mein Opa ist älter als meine Oma. 우리 할아버지는 우리 할머니보다 **나이가 많다**.	나이가 많은
☐ jünger	Und mein Vater ist jünger als meine Mutter. 그리고 우리 아빠는 엄마보다 **나이가 적다**.	나이가 적은
☐ gleichaltrig	Sven und ich sind gleichaltrig. Wir sind Zwillinge. 스벤과 저는 **동갑**입니다. 우리는 쌍둥이입니다. **참고** der Zwilling 쌍둥이	나이가 같은
☐ der Kollege die Kollegin	Ich finde, deine Kollegen sind alle sehr nett. 너의 **동료**들이 아주 친절한 것 같아. **참고** der Arbeitskollege / die Arbeitskollegin (남, 여) 직장 동료	(남, 여) 동료
☐ der Kontakt	Hast du noch Kontakt zu ihm? 그와 아직 **연락을 하고** 지내니? **참고 숙어** in Kontakt bleiben 연락하고 지내다	교제, 관계
☐ der Klassen-kamerad die Klassen-kameradin	Gestern habe ich zufällig einen Klassenkameraden im Kino getroffen. 어제 우연히 영화관에서 **동창**을 만났어. **참고** das Klassentreffen 동창회	(남, 여) 동창

☐ der Bekannte die Bekannte	Eine Bekannte gibt ein Konzert in New York. **지인**이 뉴욕에서 연주를 합니다.	(남, 여) 지인
☐ die Freundschaft	Unsere Freundschaft soll für immer währen. 우리의 **우정**이 영원히 지속되리라.	우정
☐ der Brieffreund die Brieffreundin	Seit sieben Jahren habe ich eine Brieffreundin. Morgen sehe ich sie das erste Mal. **펜팔 친구**가 된 지 7년 됐다. 내일 처음으로 만난다.	(남, 여) 펜팔 친구
☐ chatten	A: Warum schläfst du noch nicht? B: Ich chatte gerade mit einer Freundin. A: 왜 아직 안 자니? B: 친구랑 지금 **채팅하고** 있어요. **참고** der Chat 채팅	채팅하다
☐ der Freundeskreis	Bei Jugendlichen ist ein guter Freundeskreis entscheidend. 청소년들에게 좋은 **교우 관계**는 결정적입니다. **참고** der Bekanntenkreis 지인 관계	교우 관계
☐ das Taschengeld	Wieviel Taschengeld bekommst du in der Woche? 일주일에 **용돈**을 얼마 받니?	용돈
☐ das soziale Netzwerk	Im sozialen Netzwerk breiten sich Gerüchte schnell aus. **소셜 네트워크**에서는 소문이 빨리 퍼진다. **참고** das Gerücht 소문	소셜 네트워크

☐ der
Jugendliche
die
Jugendliche

Eintritt für Jugendliche unter 15 Jahren verboten.

15세 미만 **청소년**은 출입 금지.

참고 jugendlich 청년의

(남, 여)
청소년

☐ der Fremde
die Fremde

Von Fremden nimmt man nichts an.

낯선 사람에게는 받는 것이 아니다.

참고 fremd 낯선

(남, 여)
낯선 사람

☐ akzeptieren

Meine Freunde akzeptieren mich so wie ich bin.

내 친구들은 내 모습 그대로 **받아들여** 준다.

받아들이다

1 알맞은 화법 조동사를 사용하여 문장을 완성하세요.

> müssen   können   sollen   dürfen   wollen

① A: Bist du wieder gesund? 건강을 회복했니?

    B: Ja, ich _____ wieder Fußball spielen.
      그래, 다시 축구할 수 있어.

② A: Isst du denn nichts? 너는 뭐 안 먹니?

    B: Ja, ich _____ abnehmen. 응, 나 다이어트 해야 돼.

③ A: Trinkst du auch eine Cola? 너도 콜라 한 잔 마실래?

    B: Nein danke, ich _____ jetzt nichts trinken.
      아니, 나 지금 안 마실래.

④ A: Kommt Elke mit ins Kino? 엘케도 같이 영화관에 가니?

    B: Nein, sie _____ heute nicht mitkommen.
      아니, 오늘은 같이 가면 안 된대.

⑤ A: Ich gehe jetzt schlafen. 나 이제 자러 간다.

    B: Aber du _____ doch davor deine Hausaufgaben machen.
      그런데 그 전에 숙제해야 하잖아.

⑥ Dort gibt es eine Bank. Da _____ du Geld abheben.
    저기 은행이 있다. 거기서 돈을 인출할 수 있다.

⑦ In der Bibliothek _____ man ruhig sein.
    도서관에서는 조용해야 한다.

⑧ _____ ich Ihnen helfen? 제가 도와드릴 수 있나요?

2 다음 글을 읽고 동사를 표시하세요.

> Es waren einmal drei Schmetterlinge: ein weißer, ein gelber und ein roter. Sie flogen von Blüte zu Blüte und spielten zusammen. Plötzlich fing es an zu regnen. Die drei Schmetterlinge flogen zu einer Lilie und sagten: „Beschütze uns bitte, sonst werden wir nass!" Die Lilie antwortete: „Den weißen Schmetterling will ich gerne aufnehmen, aber den roten und den gelben Schmetterling nicht." Da sagte der weiße Schmetterling: „Ohne meine Freunde will ich auch nicht bei dir bleiben." Und zusammen flogen sie weiter. Sie kamen zu einer gelben Tulpe und fragten sie: „Willst du uns bei dir aufnehmen?" Die Tulpe antwortete: „Den gelben Schmetterling nehme ich gerne auf. Aber den weißen und roten nicht." Da wollte der gelbe auch nicht bleiben, und sie flogen zusammen weiter. Dann kamen sie zum roten Klatschmohn und fragten ihn: „Willst du uns bei dir aufnehmen?" Der antwortete: „Den roten Schmetterling nehme ich gerne auf. Aber den weißen und den gelben nicht." Da sagten die Schmetterlinge: „Dann wollen wir lieber zusammen nass werden!" Das hörte die Sonne hinter den Wolken. Sofort fing sie an stärker zu scheinen. Der Regen hörte auf, und die Schmetterlinge konnten wieder herumtanzen.

정답

1 ① kann ② muss ③ will ④ darf ⑤ musst ⑥ kannst ⑦ muss ⑧ Kann

참고 숙어

Ein Freund ist einer, der kommt, wenn alle anderen gehen.
▶ 친구는, 모든 사람이 가더라도 오는 사람이다.

Freundschaft, das ist eine Seele in zwei Körpern. (Aristoteles)
▶ 우정은, 두 몸에 있는 한 영혼이다. (아리스토텔레스)

2 Ehe, Partnerschaft 결혼, 동반자 `Track 33`

der Ehemann / die Ehefrau	Verenas Ehemann ist ein berühmter Schauspieler. 베레나의 **남편**은 유명한 배우입니다.	남편 / 부인

der Partner die Partnerin	Endlich habe ich meine Partnerin fürs Leben gefunden. 드디어 나는 내 삶의 **파트너**를 찾았다. **참고** der Lebenspartner / die Lebenspartnerin (남, 여) 동반자	(남, 여) 짝

das Versprechen	Ich kann mein Versprechen leider nicht einhalten. 유감스럽게 저는 **약속**을 지키지 못합니다.	약속

die Hochzeit	Nächste Woche ist die Hochzeit meiner Cousine. 다음 주에 제 **사촌**의 결혼식이 있습니다. **유의어** die Heirat **참고** heiraten 결혼하다	결혼

die Flitterwoche	In den Flitterwochen reisen wir nach Europa. **신혼여행** 때 우리는 유럽으로 여행한다.	신혼여행

der Heiratsantrag	Hat er dir gestern wirklich einen Heiratsantrag gemacht? 그가 너에게 어제 정말로 **청혼**을 했니?	청혼

der Ehering	In Deutschland trägt man den Ehering auf dem rechten Ringfinger. 독일에서는 **결혼 반지**를 오른손 약지에 낍니다. **참고** der Ringfinger 약지	결혼 반지

☐ der Bräutigam / die Braut	Du bist der schönste Bräutigam / die schönste Braut der Welt. 당신이 이 세상에서 제일 멋진 **신랑**, 아름다운 **신부**네.	신랑 / 신부
☐ die Scheidung	Die Scheidung wollen beide nicht. 두 사람 다 **이혼**은 원하지 않는다. 참고 sich scheiden lassen 이혼하다	이혼
☐ der Erwachsene	Warum sind die Erwachsenen immer so ernst? 왜 **어른**들은 항상 그렇게 심각해요?	어른
☐ die Beziehung	Ich habe seit 6 Monaten eine neue Beziehung. 새로운 (애인) **관계**가 된 지 6개월 됐어요.	(애인) 관계
☐ das erste Date	Beim ersten Date sind wir ins Theater gegangen. **첫 데이트**에는 연극을 보러 갔다.	첫 데이트
☐ die Trennung	Die Trennung ist mir schwer gefallen. **이별**하기가 어려웠습니다. 유의어 sich trennen	이별
☐ der Streit	Ich will keinen Streit mit dir. 너와 **싸우**고 싶지 않다. 참고 sich streiten 싸우다	싸움

2 Ehe, Partnerschaft 결혼, 동반자

| Partnersuche | Ich bin schon lange auf Partnersuche.
나는 오래 전부터 **파트너를 찾고** 있습니다. | 파트너
찾기 |

| das Glück | Viel Glück für euer gemeinsames Leben.
같이 삶을 꾸리는 것에 **행운**을 빈다.
참고 glücklich 행복한, 운이 좋은 | 행복, 행운 |

| die Liebe | Glaubst du denn wirklich an die Liebe?
너는 정말 **사랑**을 믿니?
참고 Liebe auf den ersten Blick 첫눈에 반함 | 사랑 |

| geduldig | Sei ein wenig geduldig. Der nächste Bus kommt gleich.
조금만 **참아라**. 다음 버스는 금방 와.
참고 die Geduld 참을성 | 참는 |

| vertrauen | Du kannst mir vertrauen, ich bin nicht böse.
나를 **신뢰해도** 돼, 나는 나쁘지 않아.
참고 das Vertrauen 신뢰 | 신뢰하다 |

1 빈칸에 알맞은 동사의 대과거형을 쓰세요.

① Als er aufwachte, _____ alle schon _____ (essen).

그가 일어났을 때, 이미 모두 다 밥을 먹었었다.

② Als er zur Bushaltestelle kam, _____ der Bus schon

_____ (fahren).

그가 버스 정류장에 왔을 때, 이미 버스는 떠났었다.

③ Als er im Büro ankam _____ das Meeting schon _____

(beenden).

그가 사무실에 도착했을 때, 이미 회의는 끝났었다.

④ Als er mit dem Chef sprechen wollte, _____ er schon

_____ (gehen).

그가 상사하고 말하려고 했을 때 이미 집에 갔었다.

⑤ Als er nach Hause kam, _____ alle schon _____

(einschlafen).

그가 집에 돌아왔을 때 이미 모두 다 잠들었었다.

2 대과거형과 과거형을 쓰세요.

먼저 생긴 일 (현재에서 제일 멀리 떨어져 있음)	그 후에 생긴 일
Nachdem / er / arbeiten	nach Hause / gehen
Nachdem er **gearbeitet hatte**, **ging** er nach Hause.	
① Als / sie sich / im Restaurant sehen	verlieben / sie sich.
_____ .	
② Die Geburtstagsfeier / enden	bevor / der Regen / kommen
_____ .	
③ Da / wir / das Museum / sehen	zurück / ins Hotel / fahren.
_____ .	
④ Nachdem / du / heiraten	heiraten / ich / auch.
_____ .	
⑤ Als / ich / einen neuen Job / bekommen	kaufen / ich / ein Auto.
_____ .	

✓ **힌트**

대과거 (Plusquamperfekt)

Haben/sein 동사의 과거형 + PP

	haben	sein
ich	hatte	war
du	hattest	warst
er/sie/es	hatte	war
wir	hatten	waren
ihr	hattet	wart
sie	hatten	waren

1 ① hatten gegessen

  ② war gefahren

  ③ war beendet

  ④ war gegangen

  ⑤ waren eingeschlafen

2 ① Als sie sich im Restaurant gesehen hatten, verliebten sie sich.

  ② Die Geburtstagsfeier hatte geendet, bevor der Regen kam.

  ③ Da wir das Museum gesehen hatten, fuhren wir zurück ins Hotel.

  ④ Nachdem du geheiratet hast, heiratete ich auch.

  ⑤ Als ich einen neuen Job bekommen hatte, kaufte ich ein Auto.

참고 숙어

Das Glück ist das einzige, was sich verdoppelt, wenn man es teilt.

(Albert Schweitzer)

▶ 나눌 때 두 배가 되는 것은 오직 행복만이다. (알버트 슈바이처)

Heirate auf jeden Fall!

Kriegst du eine gute Frau, wirst du glücklich.

Kriegst du eine böse, dann wirst du Philosoph. (Sokrates)

▶ 무조건 결혼하라!
  좋은 부인을 얻으면, 당신은 행복해질 것이고
  나쁜 부인을 얻으면, 당신은 철학자가 될 것이다. (소크라테스)

3 Begrüßung und Verabschiedung
인사말

Track 34

☐ Guten Morgen	„Guten Morgen" ist kurz für „Ich wünsche Ihnen/dir einen guten Morgen". **'구텐 모르겐'**은 "당신/너에게 좋은 아침이 되기를 바란다."라는 뜻이다.	아침 인사
☐ Guten Tag	„Guten Tag" kann man den ganzen Tag sagen. **'구텐 탁'**이라는 인사는 하루 종일 할 수 있습니다.	안녕하세요 / 안녕
☐ Guten Abend	Guten Abend meine Damen und Herren, willkommen zum Abendprogramm. **안녕하세요**, 신사 숙녀 여러분, 저녁 프로그램에 오신 것에 환영합니다.	저녁 인사
☐ Gute Nacht	Gute Nacht. Bis morgen. **잘 자**. 내일 만나자. 유의어 Schlaf gut. 참고 Bis morgen. 내일 만나자.	잘 자
☐ Servus	„Servus" ist ein Gruß, der in vielen Ländern Mitteleuropas verwendet wird. **'세르부스'**는 중유럽의 많은 국가에서 사용하는 인사입니다.	안녕
☐ Grüezi	„Grüezi" ist kurz für „Gott grüsse Euch" und wird in der Schweiz verwendet. **'그뤼에치'**는 "하나님이 당신들을 축복하세"라는 뜻으로 스위스에서 사용하는 인사입니다.	안녕하세요 / 안녕
☐ Grüß Gott	„Grüß Gott" wird hauptsächlich in Österreich verwendet. **'그뤼스 고트'**는 주로 오스트리아에서 사용된다.	안녕하세요 / 안녕
☐ Auf Wiedersehen	Statt „Auf Wiedersehen" sagt man oft nur „Wiedersehen". **'아우프 비더제헨'**대신 그냥 '비더제헨'이라고 인사한다.	안녕히 가세요 / 안녕히 계세요

☐ Bis bald	Bis bald, Frau Mayer. Ich hoffe, wir sehen uns bald wieder.	곧 다시 만나(요)
	곧 다시 만나요, 마이어 부인. 곧 다시 뵙기를 희망합니다.	
	참고 Bis dann. 그때 뵐게요. / 그때 봐.	
☐ Tschüss	Ja, Tschüss Sarah. Mach's gut.	안녕(작별 인사)
	그래, 안녕 사라야. 수고해.	
	참고 Mach's gut 수고해 Machen Sie es gut 수고하세요	
	반의어 Hallo / Hi 안녕 (만날 때)	
☐ Lieber / Liebe	Lieber Otto! Danke für Deine Einladung.	(남, 여) 존경하는 / 친애하는 / 사랑하는 …
	친애하는 오토야! 초대해 줘서 고마워.	
	참고 Sehr geehrter / geehrte (남, 여) 존경하는 …	
☐ sich begrüßen	Sie begrüßen sich herzlich.	인사하다
	그들은 매우 반갑게 인사합니다.	
	참고 die Begrüßung 인사	
☐ sich duzen	Wollen wir uns duzen? Jetzt kennen wir uns doch schon lange.	반말하다
	우리 반말하고 지내지 않을래? 이제는 꽤 오래 아는 사이잖아.	
	반의어 sich Siezen 서로 존칭을 쓰다	
☐ das Händeschütteln	In vielen Ländern Europas ist das Händeschütteln beim Begrüßen üblich.	악수
	유럽의 많은 국가에서는 인사할 때 악수를 하는 것이 일반적입니다.	
	유의어 der Handschlag	
☐ umarmen	Sie umarmte ihren Teddybären ein letztes Mal.	껴안다, 끌어안다
	그녀는 마지막으로 곰돌이 인형을 껴안았다.	

der Kuss	Mein Lieblingsbild ist „der Kuss" von Klimt.	키스
	제가 제일 좋아하는 작품은 클림트의 '**키스**'입니다.	
	참고 der Abschiedskuss 작별 키스	

der Abschied	Es ist nun Zeit, Abschied zu nehmen.	작별
	이제 **작별**할 시간이 되었습니다.	
	참고 Abschied nehmen 작별 인사하다	
	sich verabschieden 작별 인사하다	

1 빈칸에 알맞은 소유 관사를 쓰세요.

① Mein Bruder hat heute _____ ersten Arbeitstag.

내 남동생은 오늘 첫 출근한다.

② Hast du _____ Ausweis mitgebracht?

너의 신분증을 가지고 왔니?

③ Anton und Peter bringen heute _____ Freundinnen mit.

안톤과 피터는 오늘 그들의 여자 친구들을 데리고 온다.

④ Ich habe _____ Handy verloren.

나는 핸드폰을 잃어버렸다.

⑤ Ihr habt _____ Hausaufgaben schon gemacht.

너희들은 너희들의 숙제를 이미 다했다.

⑥ Wir wollen _____ Zeit nicht verschwenden.

우리는 우리의 시간을 낭비하고 싶지 않다.

⑦ Das Ehepaar bringt _____ Hund mit.

그 부부는 그들의 강아지를 데리고 온다.

⑧ Kann ich _____ Kuli kurz haben?

너의 볼펜 잠깐 빌려도 되니?

✓ 힌트

소유 관사(Possessivartikel)

인칭	소유	뜻
ich	mein	나의
du	dein	너의
er/sie/es	sein/ihr/sein	그의/그녀의/그것의
wir	unser	우리의
ihr	euer	너희의
sie	ihr	그들의

	남성	여성	중성	복수
1격	–	-e	–	-e
4격	-en	-e	–	-e
3격	-em	-er	-em	-en
2격	es	-er	-es	-er

C	T	C	R	K	K	T	S	I	Y	X	U	V	J	F	P	S	I
H	G	L	P	U	Y	F	E	B	A	B	D	E	S	F	N	Y	N
A	U	R	D	E	E	H	R	R	U	O	S	P	T	W	N	Z	C
D	T	M	I	E	O	Ä	V	M	F	J	V	P	J	T	D	E	B
V	E	B	I	V	Z	N	U	G	W	B	A	G	T	D	P	Y	T
W	N	R	A	F	D	D	S	O	I	L	Y	D	F	B	Y	B	P
G	A	L	I	E	B	E	R	E	E	G	Z	C	R	H	P	G	T
Q	C	X	M	T	G	S	M	D	D	W	G	T	T	C	K	R	R
U	H	C	E	C	B	C	G	E	E	Y	U	S	B	I	P	Ü	O
E	T	G	F	Q	E	H	J	S	R	O	T	C	Y	T	L	E	P
B	T	V	P	W	Q	Ü	W	J	S	F	E	H	Q	F	U	Z	P
K	K	D	M	M	E	T	P	O	E	I	N	Ü	U	Y	E	I	I
V	F	Y	C	E	S	T	W	M	H	L	A	S	J	I	H	X	N
H	T	V	J	Z	Z	E	U	S	E	T	B	S	Z	S	F	O	K
C	G	I	M	O	O	L	F	U	N	P	E	L	K	U	S	S	L
S	M	P	S	Y	K	N	L	O	F	Q	N	J	Q	G	D	T	W
A	B	S	C	H	I	E	D	F	M	Y	D	G	I	D	M	A	D
C	G	J	I	N	J	W	S	O	W	E	F	K	W	E	B	J	E

① GUTENABEND   ② TSCHÜSS

③ AUFWIEDERSEHEN   ④ KUSS

⑤ HÄNDESCHÜTTELN   ⑥ ABSCHIED

⑦ LIEBER   ⑧ SERVUS

⑨ GUTENACHT   ⑩ GRÜEZI

1 ① seinen ② deinen ③ ihre ④ mein ⑤ eure
ⓒ unsere ⑦ ihren ⑧ deinen

☐ die Party

Nächste Woche Freitag habe ich Geburtstag. Am Samstag mache ich daher eine Party.

다음 주 금요일이 내 생일이야. 그래서 토요일에 **파티**를 해.

유의어 die Feier

파티

☐ die Geburtstagsparty

Und ihr seid alle zur Geburtstagsparty eingeladen.

그리고 너희들 모두 다 **생일 파티**에 초대한다.

참고 die Einweihungsparty / feier 집들이

생일 파티

☐ die Einladung

Die Einladung wird Ihnen per Post zugeschickt.

초대장은 우편으로 보내 드리겠습니다.

참고 einladen 초대하다

초대(장)

☐ herzlich

Ich gratuliere Euch herzlich zu Eurer Hochzeit.

진심으로 너희의 결혼을 축하한다.

참고 Gratuliere herzlich! 진심으로 축하합니다!

진심으로

☐ einladen

Ich weiss noch nicht, wen ich einladen will.

누구를 **초대하고** 싶은지 아직 모르겠어.

초대하다

☐ das Datum

Das Datum steht schon fest: 21. Oktober.

날짜는 확정됐습니다: 10월 21일.

날짜

☐ das Grillfest

Morgen findet ein Grillfest statt. Willst du mitkommen?

내일 **그릴파티**가 있는데 같이 갈래?

그릴파티

☐ mitbringen

Was kann ich denn zu der Feier mitbringen?

파티에 무엇을 **가져갈** 수 있을까요?

가져가다

☐ backen	Wie wäre es, wenn du einen Kuchen bäckst? 케이크를 **구워** 가는 것은 어떨까? 유의어 einen Kuchen machen	(케이크를) 굽다
☐ das Kostümfest	Zu Halloween und Fasching finden viele Kostümfeste statt. 핼러윈과 카니발 때는 **가장 무도회**가 많이 있습니다. 참고 das Kostüm 변장 의류	가장 무도회
☐ verkleiden	Letztes Mal habe ich mich als Pirat verkleidet. 마지막으로는 해적으로 **변장했었습니다**.	변장하다
☐ Kaffee und Kuchen	Jeden Nachmittag um 16.00 Uhr gibt es Kaffee und Kuchen. 매일 오후 4시에는 **커피와 케이크**가 있습니다.	커피와 케이크 (독일에서 오 후에 티타임을 즐기는 시간)
☐ der Gastgeber die Gastgeberin	Der Gastgeber ist ein guter Freund von mir. Er hat sehr gerne Gäste im Haus. **주인**은 제 친한 친구예요. 손님 오는 것을 좋아합니다.	주인, 초대인
☐ die Verabredung	Haben Sie übermorgen schon eine Verabredung? Ich möchte Sie zum Essen einladen. 모레 **선약**이 있어요? 식사 대접하고 싶습니다.	약속
☐ Lust haben	Hast du Lust heute mit mir ins Kino zu gehen? 오늘 나랑 영화관에 갈 **생각이 있니**?	생각이 있다
☐ treffen	Ich treffe mich heute schon mit meinen Freundinnen. 오늘은 이미 내 여자 친구들하고 **만나기**로 했어.	만나다

☐ vorbereiten

Ich muss noch so viel für die Feier vorbereiten.

파티를 위해 아직 **준비해야** 할 것이 너무 많아.

준비하다

☐ der Ballon

Kaufst du bitte noch einige Ballons?

풍선을 몇 개 살 수 있니?

풍선

☐ die Abschlussfeier

Das Essen bei der Abschlussfeier war wirklich gut.

폐막식의 음식이 정말 맛있었다.

폐막식

☐ das Jubiläum

Anlässlich des 5. Jubiläums, gibt es ein Geschenk für alle Studenten.

5주년 **기념일**을 맞아 모든 대학생에게 선물이 준비됐습니다.

기념일

1 다음을 참고하여 문장을 완성하세요.

> Ich bin sehr neugierig.   나는 궁금한 것이 많다.
>
> Meine Schwester ist <u>noch neugieriger</u>.   우리 언니는 궁금한 것이 더 많다.
>
> Meine Mutter ist <u>am neugierigsten</u>.   우리 엄마는 궁금한 것이 제일 많다.

① Das Kind läuft schnell. 아이는 빨리 달린다.

Die Mutter läuft _____. 엄마는 더 빨리 달린다.

Der Hund läuft _____. 강아지는 제일 빨리 달린다.

② Ich trinke gerne Tee. 나는 차를 즐겨 마신다.

Ich trinke _____ Kaffee. 나는 커피를 더 즐겨 마신다.

Ich trinke _____ Saft. 나는 주스를 제일 즐겨 마신다.

③ Deine Freundin ist hübsch. 너의 여자친구는 예쁘다.

Deine Cousine ist _____. 너의 사촌은 더 예쁘다.

Du bist aber _____. 그러나 네가 제일 예쁘다.

④ Im Winter ist es sehr kalt. 겨울에는 춥다.

Letztes Jahr war es sogar _____. 작년에는 더 추웠다.

In Sibirien ist es _____. 시베리아는 제일 춥다.

⑤ Er ist in der Schule gut. 그는 학교에서 공부를 잘한다.

Paul ist in der Schule _____.
파울은 학교에서 더 공부를 잘한다.

Aber Lisa ist in der Schule _____.
그러나 리사는 학교에서 공부를 더 잘한다.

✓ 힌트

비교급, 최상급 (Komparativ, Superlativ)

1. 비교급: 형용사 어미 - er
   최상급: am…-(e)sten
   　　　 정관사 + -(e)ste

2. 예외 형용사:

Positiv	Komparativ	Superlativ	뜻
alt	älter	am ältesten	나이 든, 늙은
groß	größer	am größten	큰
klug	klüger	am klügsten	똑똑한, 영리한

arm (가난한), dumm (어리석은), gesund (건강한), grob (거친), hart (딱딱한), jung (젊은), kalt (차가운), krank (아픈), kurz (짧은), lang (긴), rot (빨간), scharf (매운), stark (강한), schwach (약한), warm (따뜻한)

3. 불규칙

Positiv	Komparativ	Superlativ	뜻
dunkel	dunkler	am dunkelsten	어두운
gern	lieber	am liebsten	좋아하는
gut	besser	am besten	좋은
viel	sehr	am meisten	많은
hoch	höher	am höchsten	높은
nah	näher	am nächsten	가까운

정답

1　① Die Mutter läuft schneller. / Der Hund läuft am schnellsten.

　　② Ich trinke lieber Kaffee. / Ich trinke am liebsten Saft.

　　③ Deine Cousine ist hübscher. / Du bist aber am hübschesten.

　　④ Letztes Jahr war es sogar kälter. / In Sibirien ist es am kältesten.

　　⑤ Paul ist in der Schule besser. / Aber Lisa ist in der Schule am besten.

참고 숙어

Schön ist es, wenn Gäste kommen, noch schöner, wenn sie wieder gehen.

▶ 손님이 오시면 좋고, 다시 가시면 더 좋습니다.

IX

UMWELT
UND KLIMA

환경과 기후

☐ die Natur

Hier kann man noch unberührte Natur sehen.

여기는 아직 손대지 않은 **자연**을 볼 수 있다.

자연

☐ die Umwelt

Wir müssen doch die Umwelt schützen.

우리는 **환경**을 보호해야 한다.

참고 schützen 보호하다

환경

☐ der Umweltschutz

Der Umweltschutz ist in den letzten Jahren ein wichtiges Thema geworden.

환경 보호는 몇 년 사이에 중요한 이슈가 됐다.

환경 보호

☐ die Verschmutzung

Die Verschmutzung der Strände durch die Badeurlauber ist erschreckend.

해수욕객들로 인한 해변가의 **오염도**가 끔찍합니다.

오염도

☐ das Abgas

Abgase bedrohen die Menschen und Tiere.

배기 가스는 인간과 동물에게 위험을 준다.

배기 가스

☐ der Müll

Ich versuche so gut es geht, meinen Müll zu reduzieren.

나는 할 수 있는 만큼 **쓰레기**를 줄이려고 노력한다.

쓰레기

☐ der Wald

Dieses Wochenende verbringen wir im Wald auf einer Hütte.

이번 주말에는 **숲**속에 있는 오두막에서 지낼 것이다.

숲

☐ die Luft

Im Wald ist die Luft noch sauber und gut.

숲속은 **공기**가 아직 깨끗하고 좋다.

공기

☐ umweltfreundlich	Zu Hause verwenden wir nur umweltfreundliche Produkte. 우리 집에서는 **친환경적인** 제품만 사용합니다.	친환경적인
☐ recyceln	Wir bemühen uns auch, alles zu recyceln. 우리는 모든 것을 **재활용**하도록 노력합니다.	재활용하다
☐ das Aussterben	Viele Tiere sind vom Aussterben bedroht. 많은 동물이 **멸종** 위기에 있습니다.	멸종
☐ der Tierschutz	Mein Vater arbeitet für den Tierschutz. 우리 아빠는 **동물 보호**를 위해 일합니다.	동물 보호
☐ der Klimawandel	Der Klimawandel muss schnell gestoppt werden. **기후 변화**는 빨리 멈춰져야 합니다. 유의어 die Klimaveränderung	기후 변화
☐ der Treibhauseffekt	Durch den Treibhauseffekt wird die Temperatur auf der Erde höher. **온실 효과** 때문에 지구의 온도가 높아진다.	온실 효과
☐ die Erwärmung	Die globale Erwärmung bezeichnet den Anstieg der Durchschnittstemperatur weltweit. **지구 온난화**는 전 세계의 평균 온도가 상승했다는 것이다.	지구 온난화

☐ die Erde

Die Erde nennt man auch den „grünen Planeten".

지구는 '그린 플래닛'이라고도 합니다.

지구

☐ die Sonnenwärme

Im Sommer kann man die Sonnenwärme gut nutzen.

여름에는 **태양열**을 잘 사용할 수 있습니다.

유의어 die Sonnenenergie

태양열

☐ der Nordpol

Die Eisschmelze am Nordpol ist eines der erschreckendsten Probleme.

북극에서 얼음이 녹는 현상은 가장 처참한 문제 중 하나입니다.

반의어 der Südpol 남극

참고 die Eisschmelze 얼음 녹음

북극

☐ der Meeresspiegel

Der Meeresspiegel ist in den letzten Jahren stark gestiegen.

평균 해면은 몇 년 동안 많이 상승했습니다.

평균 해면

☐ die Naturkatastrophe

Die globale Erwärmung ist auch der Grund für Naturkatastrophen.

지구 온난화는 **재난**의 이유이기도 합니다.

재난

☐ das Erdbeben

Das Erdbeben hatte Stärke 5.

지진은 강도 5였다.

지진

☐ die Überschwemmung

Der Dauerregen hatte eine Überschwemmung zur Folge.

장마의 결과로 **홍수**가 났다.

유의어 die Überflutung

홍수

1 빈칸에 알맞은 미래형을 쓰세요.

> Heute <u>werde</u> ich gut <u>schlafen</u>. 나는 오늘은 잠을 잘 자겠다.

① Jetzt _____ ich erstmal eine Tasse Tee _____. (trinken)
일단 차 한 잔을 마실 것이다.

② Zum Geburtstag _____ sie dir einen Pulli _____. (schenken)
그녀는 너의 생일 때 스웨터를 선물해 줄 것이다.

③ Nächstes Jahr _____ ich endlich Vater _____. (werden)
나는 내년에 드디어 아빠가 될 것이다.

④ Wir _____ noch bis 20 Uhr im Büro _____. (bleiben)
우리는 저녁 8시까지 사무실에 머무를 것이다.

⑤ Alle _____ dich _____. (bewundern)
모두가 너를 부러워할 것이다.

⑥ Jetzt _____ ihr schnell eure Koffer _____. (packen)
너희들은 이제 빨리 짐을 쌀 것이다.

⑦ In Paris _____ ich den Eiffelturm _____. (besichtigen)
파리에서는 나는 에펠탑을 방문할 것이다.

⑧ Am Flughafen _____ ich ihn _____. (abholen)
공항에서 그를 데리고 올 것이다.

✓ **힌트**
미래형 (Futur I)
werden + 동사원형

ich	werde	
du	wirst	
er/sie/es	wird	schlafen
wir	werden	
ihr	werdet	
sie	werden	

2 다음을 알맞은 것끼리 연결해 보세요.

① Abgas   •
② Erdbeben   •
③ Umwelt   •
④ Treibhauseffekt   •
⑤ Klimawandel   •
⑥ Luft   •
⑦ Tierschutz   •
⑧ Nordpol   •
⑨ Erde   •
⑩ Sonnenwärme   •

• ⓐ 환경
• ⓑ 기후 변화
• ⓒ 배기가스
• ⓓ 지구
• ⓔ 북극
• ⓕ 태양열
• ⓖ 온실 효과
• ⓗ 공기
• ⓘ 동물 보호
• ⓙ 지진

정답

1 ① werde / trinken ② wird / schenken ③ werde / werden ④ werden / bleiben
   ⑤ werden / bewundern ⑥ werdet / packen ⑦ werde / besichtigen
   ⑧ werde / abholen
2 ① ⓒ ② ⓙ ③ ⓐ ④ ⓖ ⑤ ⓑ ⑥ ⓗ ⑦ ⓘ ⑧ ⓔ ⑨ ⓓ ⑩ ⓕ

참고 지식

Wir Deutschen verbrauchen jedes Jahr allein 20 Millionen Tonnen Papier.
Pro Kopf sind das im Durchschnitt 235 Kilo pro Jahr für Toilettenpapier,
Küchenrollen, Pappbecher, Werbeprospekte, Druckerpapier und
Taschentücher. Damit liegt Deutschland EU-weit an der Spitze.
(Philipp Göltenboth, Leiter des Waldprogramms beim WWF Deutschlan)

▶ 우리 독일인만 봐도 일 년에 종이를 2천만 톤을 소비한다. 한 사람당 평균 일 년에
화장지, 키친타월, 종이컵, 전단지, 출력 종이와 티슈 등을 소비하는 양은 235 킬로
그램이다. 독일은 유럽 연합 중에 제일 많이 소비한다.
(필립 괼텐보트, WWF 독일의 숲 프로그램 책임자)

2 Tiere 동물

der Hund
개

die Katze
고양이

die Maus
쥐

die Kuh
소
참고 **das Kalb**
송아지

das Pferd
말
참고 **das Fohlen**
망아지

das Schaf
양
참고 **das Lamm**
어린 양

die Ziege
염소

das Schwein
돼지

der Elefant
코끼리

der Tiger
호랑이

der Löwe
사자

der Affe
원숭이

der Vogel
새

der Hahn
수탉
참고 **die Henne**
암탉

das Huhn
닭
참고 **das Küken**
병아리

der Papagei
앵무새

der Fisch
물고기
참고 **der Goldfisch**
금붕어

die Spinne
거미

der Schmetterling
나비

die Mücke
파리

die Biene
꿀벌

1 어떤 동물의 소리인지 연결해 보세요.

① miau •   • ⓐ Schaf

② kikeriki •   • ⓑ Vogel

③ wau wau •   • ⓒ Hahn

④ mäh •   • ⓓ Schwein

⑤ muh •   • ⓔ Katze

⑥ piep piep •   • ⓕ Kuckuck

⑦ quiek •   • ⓖ Kuh

⑧ summ summ •   • ⓗ Maus

⑨ kuckuck •   • ⓘ Hund

⑩ pieps •   • ⓙ Frosch

⑪ quak •   • ⓚ Biene

2 빈칸에 들어갈 단어를 고르세요.

(1) Sie sieht jeden Morgen _____ Fenster.

　　① aus das　　　　② aus dem　　　　③ in die

(2) Ich sitze gerne _____ Fernseher.

　　① um den　　　　② neben dem　　　　③ vor dem

(3) Heute kommst du schon wieder spät _____ Firma.

　　① in die　　　　② in das　　　　③ in der

(4) Kannst du _____ der Schule bitte einkaufen gehen?

　　① in　　　　② mit　　　　③ nach

(5) Warum können wir nicht einfach _____ Bus fahren?

　　① mit dem　　　　② ohne die　　　　③ bei das

3 빈칸에 알맞은 전치사를 쓰세요.

am	vor	ab	um	seit

① Heute, _____ 9. August, hat meine Freundin Geburtstag.

② Morgen Abend _____ 19 Uhr treffen wir uns im Restaurant.

③ _____ zwei Tagen habe ich sie das erste Mal gesehen.

④ Mein Auto steht schon _____ drei Tagen in der Garage.

⑤ _____ Montag habe ich Urlaub bis nächste Woche.

⑥ Was machst du _____ Wochenende?

⑦ Ich lerne _____ 2 Monaten Deutsch.

3 Pflanzen 식물

die Rose
장미

die Tulpe
튤립

die Sonnenblume
해바라기

die Gänseblume
데이지

die Nelke
카네이션

der Löwenzahn
민들레

das Veilchen
바이올렛

die Seerose
연꽃

die Lilie
백합

der Flieder
라일락

das Gras
풀

참고 **der Stängel** 줄기
die Blüte 꽃망울
das Blatt 잎사귀
das Unkraut 잡초

der Strauch
덤불

유의어 **der Busch**

참고 **der Kastanienbaum** 밤나무
der Tannenbaum 소나무
die Buche 너도밤나무

der Baum
나무

der Kaktus
선인장

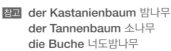

212

1 아래의 단어를 찾아보세요.

M	D	A	D	L	D	X	Z	Z	R	P	H	G	E	X	N	X	Y	B	W
C	U	O	W	F	M	H	U	N	V	S	M	S	T	K	E	M	C	D	A
O	X	X	Q	I	I	M	N	A	K	V	E	I	L	C	H	E	N	K	L
J	W	R	C	Q	V	H	D	Z	I	R	V	L	Q	J	G	N	S	H	P
A	V	U	T	D	J	F	F	U	O	Y	B	Z	Q	L	K	I	O	F	G
I	L	E	A	N	T	S	L	K	Q	O	P	B	L	J	Q	N	N	P	W
C	F	E	N	V	J	I	I	A	U	C	U	Z	K	Q	X	O	N	Y	A
E	L	T	N	T	J	D	E	K	A	T	T	P	S	G	Y	N	E	B	Q
Q	M	J	E	H	N	W	D	T	M	T	O	E	L	B	S	X	N	I	S
W	P	O	N	S	C	S	E	U	K	I	L	Q	Ö	W	W	V	B	W	T
G	V	Q	B	X	S	A	R	S	P	W	T	X	W	S	I	R	L	S	M
Q	N	R	A	R	S	W	O	K	C	D	X	K	E	O	W	W	U	B	O
P	I	B	U	F	R	F	G	V	X	I	E	V	N	C	Y	O	M	V	U
K	C	O	M	B	E	C	P	V	S	J	H	M	Z	P	I	D	E	R	X
X	D	Q	T	C	Z	Z	J	G	J	I	T	F	A	Y	P	C	S	J	X
M	H	S	E	E	R	O	S	E	T	C	U	E	H	R	P	B	Y	F	K
S	C	S	U	N	K	R	A	U	T	H	M	Y	N	Q	P	K	V	E	D
V	V	I	R	D	F	D	D	K	H	K	Y	M	V	K	E	H	H	R	S
K	V	M	R	L	R	B	Z	C	V	G	A	W	B	M	M	X	Z	D	W
F	J	F	C	L	S	C	H	N	E	E	G	L	Ö	C	K	C	H	E	N

① KAKTUS   ② SONNENBLUME

③ VEILCHEN   ④ LÖWENZAHN

⑤ TANNENBAUM   ⑥ SEEROSE

⑦ FLIEDER   ⑧ SCHNEEGLÖCKCHEN

⑨ UNKRAUT

2 빈칸에 알맞은 말을 쓰세요.

> Rose   Kaktus   Nelke   Pflanze   Seerose

① Buchstabieren Sie bitten den Namen der _____.

② Mein Freund hat mir eine rote _____ gekauft.

③ Wir gehen in den Park, um die _____ zu sehen.

④ Zum Muttertag kaufe ich meiner Mutter 33 _____.

⑤ Den _____ muss man nur einmal im Monat gießen.

4 **Datum, Uhrzeit** 날짜, 시간 `Track 39`

☐ Punkt

Der Zug fährt um Punkt sieben Uhr ab.

기차는 7시 **정각**에 떠납니다.

정각

☐ halb

Wir treffen uns um halb elf vor dem Rathaus.

시청 앞에서 10시 **반**에 만나기로 했어요.

반

☐ vor

Der Film hat vor 20 Minuten begonnen.

영화는 20분 **전**에 시작했다.

…전

☐ nach

Ich warte auf dich nach der Schule.

방과 **후**에 너를 기다릴게.

…후

☐ Viertel

Ist es Viertel vor oder Viertel nach drei?

지금이 3시 **15분** 전이에요, **15분** 후예요?

15분 (1/4)

☐ Montag

Montag ist der erste Tag der Woche.

월요일은 주가 시작하는 날입니다.

월요일

☐ Dienstag

Am Dienstag möchte ich nach Seoul fahren.

저는 **화요일**에는 서울에 가기를 원합니다.

화요일

☐ Mittwoch

Jeden Mittwoch treffen wir uns zum Mittagessen in der Pizzaria.

우리는 **수요일**마다 점심 먹으러 피자집에서 만난다.

수요일

☐ Donnerstag

Kannst du mich am Donnerstag vom Bahnhof abholen?

목요일에 기차역으로 나를 데리러 올 수 있니?

목요일

□ Freitag	Am Freitag ist das Büro von 9 bis 13 Uhr geöffnet.	금요일
	금요일에 사무실 업무 시간은 오전 9시부터 오후 1시 입니다.	
□ Samstag	Sie haben bis Samstag Zeit, ihre Wohnung zu räumen.	토요일
	당신은 **토요일**까지 집을 비워야 합니다.	
□ Sonntag	Am Sonntag gehe ich mit meiner Familie in die Kirche.	일요일
	일요일에 나는 가족과 함께 교회에 간다.	
□ der Wochentag	An Wochentagen ist die Bibliothek von 8 Uhr bis 21 Uhr geöffnet.	평일
	평일에 도서관은 오전 8시부터 오후 9시까지 연다.	
□ das Wochenende	Am Wochenende unternehmen wir oft gerne etwas gemeinsam.	주말
	주말에는 우리가 자주 같이 무엇을 한다.	
□ Uhr	Wieviel Uhr ist es?	…시(시간)
	지금 몇 **시**예요?	
	유의어 Wie spät ist es?	
□ die Stunde	In dieser Stunde sprechen wir über die Vorteile des Stadtlebens.	시간
	이 **시간**에는 도시 삶의 장점을 말할 것입니다.	
□ die Minute	In letzter Minute hat unser Team noch ein Tor geschossen.	분
	끝나기 몇 **분** 전 우리 팀이 골을 넣었습니다.	

☐ die Sekunde	Warte eine Sekunde, ich bin gleich fertig. 일 **초**만 기다리세요, 금방 끝나요.	초
☐ der Vormittag	Am Vormittag habe ich einen Termin beim Zahnarzt. **오전**에는 치과에 예약되어 있습니다.	오전
☐ der Mittag	Zu Mittag habe ich ein Geschäftsessen. **점심** 때는 사업상 식사가 있습니다.	점심
☐ der Nachmittag	Wenn du Zeit hast, dann treffen wir uns am Nachmittag auf einen Kaffee. 시간이 있으면 **오후**에 만나서 커피 마시자. **참고** die Zeit 시간	오후
☐ der Abend	Morgen Abend kommen meine Eltern zu Besuch. 내일 **저녁**에는 부모님께서 방문 오실 것이다.	저녁
☐ die Nacht	Mitten in der Nacht klingelte das Telefon. 한**밤**중에 전화벨이 울렸다.	밤
☐ die Mitternacht	Ich muss nach Hause, bevor es Mitternacht wird. 나는 **자정**이 되기 전에 집에 가야 한다.	자정

연습문제

1 알맞은 것끼리 연결해 보세요.

① •

② •

③ •

④ •

⑤ •

⑥ •

⑦ •

• ⓐ Sanduhr

• ⓑ Sonnenuhr

• ⓒ Stoppuhr

• ⓓ Pendeluhr

• ⓔ Wecker

• ⓕ Armbanduhr

• ⓖ Kuckucksuhr

2 몇 시인지 독일어로 쓰세요.

3 시간을 보고 시계를 그려 보세요.

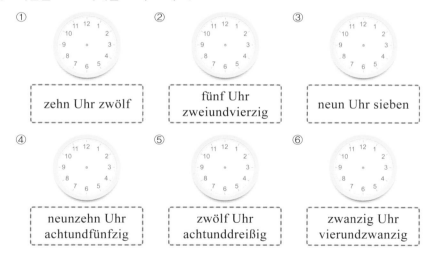

정답

1 ① ⓒ ② ① ③ ⓐ ④ ⓑ ⑤ ⑨ ⑥ ⓓ ⑦ ⓔ

2 ① fünft vor zwei ② zehn nach zehn ③ zwölf Uhr fünfzehn ④ fünf nach elf
⑤ zwölf Uhr zweiundzwanzig ⑥ zehn Uhr neunundzwanzig ⑦ zehn nach sieben
⑧ drei Uhr

3 ① 10:12 ② 05:42 ③ 09:07 ④ 19:58 ⑤ 12:38 ⑥ 20:24

IX. 환경과 기후 **219**

5 **Wetter und Jahreszeit** 날씨와 계절

☐ die Sonne

Die Sonne scheint noch immer, obwohl es bereits 19 Uhr ist.

이미 저녁 7시가 되었어도 **해**는 아직 떠 있네.

참고 **Es ist sonnig** 화창한, 햇살이 내리쬐는

해

☐ die Wolke

Aber zu Mittag ziehen Wolken auf.

그러나 점심 때 **구름**이 낀다.

참고 **wolkig, bewölkt** 구름 낀

구름

☐ der Regen

Und im Laufe des Nachmittags beginnt der Regen.

그리고 오후가 되면 **비**가 시작된다.

비

☐ der Wind

Der Wind war stark, und das Boot begann zu schaukeln.

바람이 셌고 배는 흔들리기 시작했습니다.

참고 **windig** 바람 부는

바람

☐ das Gewitter

Im Sommer gibt es am Tag sogar mehrere Gewitter.

여름에는 하루에 **뇌우**가 몇 번이나 있다.

참고 **der Sturm** (바람, 비를 포함한) 뇌우

(천둥, 번개, 폭우를 포함한) 뇌우

☐ der Donner

Das krachende Geräusch des Donners weckte die ganze Familie.

천둥의 우르릉 쾅쾅 소리가 온 가족을 깨웠다.

참고 **Donnerwetter!** 어머나! (놀랄 때 쓰는 표현)

천둥

☐ der Blitz

Hier sieht es so aus, als hätte der Blitz eingeschlagen.

여기는 **번개**가 쳤던 것처럼 보인다.

참고 **der Geistesblitz** (번개처럼 갑자기 떠오른) 기발한 생각/영감/아이디어

번개

---

der Nebel	Man spricht von Nebel, wenn die Sicht weniger als einen Kilometer reicht.	안개
	시야가 1 킬로미터 미만일 경우에 **안개**라고 말한다.	
	참고 neblig 안개 낀	

die Kälte	Kälte verbreitete sich über das ganze Land.	추위
	추위가 온 나라에 퍼졌습니다.	

die Hitze	Diesen Sommer war die Hitze in Korea extrem.	더위
	올여름에는 대한민국의 **더위**가 심했다.	
	참고 die Hitzewelle 폭염, 폭서기	

der Schnee	Draußen liegt so viel Schnee, dass wir einen Schneemann bauen können.	눈
	밖에는 눈사람을 만들 수 있을 정도로 **눈**이 많이 쌓여 있다.	

der Hagel	Was, du hast noch nie Hagel gesehen?	우박
	뭐라고? 너는 **우박**을 한 번도 본 적 없다고?	

der Frühling	Der Frühling beginnt am 21. 3.	봄
	봄은 3월 21일에 시작한다.	

der Sommer	Im Sommer gehe ich jeden Tag schwimmen.	여름
	나는 **여름**에는 매일 수영하러 간다.	

der Herbst	Der Herbst ist meine Lieblingsjahreszeit.	가을
	가을은 내가 선호하는 계절이다.	

der Winter	Diesen Winter verbringe ich in Europa.	겨울
	이번 **겨울**은 유럽에서 지낼 것이다.	

☐ die Jahreszeit

Ich finde, Frühling ist die schönste Jahreszeit.

제 생각에 봄이 제일 아름다운 **계절**입니다.

계절

☐ wolkenlos

Der wolkenlose Himmel strahlte in leuchtendem Blau.

구름 없는 하늘이 새파랗게 빛났다.

구름 없는

☐ die Temperatur

Die Temperaturen steigen heute bis auf 39 Grad Celsius.

오늘 **온도**는 섭씨 39도까지 오릅니다.

참고 **Celsius** 섭씨

온도

der Frühling 봄

der Sommer 여름

der Herbst 가을

der Winter 겨울

1 독일 도시의 날씨를 쓰세요.

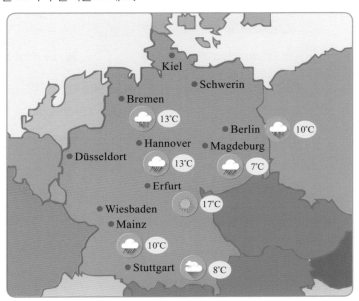

In Hannover regnet es. Es hat 13 Grad.

① In Stuttgart _____.

② In Mainz und Wiesbaden _____.

③ In Bremen _____.

④ In Berlin _____.

⑤ In Magdeburg _____.

⑥ In Erfurt _____.

2 빈칸에 an/am, in/im, um, zum 중에서 알맞은 것을 골라 쓰세요.

① _____ Weihnachten   ② _____ der Nacht

③ _____ 19. Jahrhundert   ④ _____ 24. Dezember

⑤ _____ diesem Jahr   ⑥ _____ Silvester

⑦ _____ 9.45 Uhr   ⑧ _____ Morgen

⑨ _____ Feiertag   ⑩ _____ Karneval

⑪ _____ Winter   ⑫ _____ Sonntag

⑬ _____ 23 Uhr   ⑭ _____ Beginn des Jahres

⑮ _____ Mitternacht   ⑯ _____ meinem Geburtstag

✓ 힌트
전치사 (시제적)

Um···	9 Uhr, 23Uhr 30 (시간)
Am···	Montag, Mittag, Tag, 14. Juni (요일, 아침/점심/오후/저녁, 날, 날짜)
Im···	Dezember, Winter, 18. Jahrhundert (월, 계절, 세기)

정답

1 ① In Stuttgart ist es windig. Es hat 8 Grad.

　② In Mainz und Wiesbaden regnet es. Es hat 10 Grad.

　③ In Bremen gibt es Gewitter. Es hat 13 Grad.

　④ In Berlin gibt es Blitze. Es hat 10 Grad.

　⑤ In Magdeburg ist es wolkig und es regnet. Es hat 7 Grad.

　⑥ In Erfurt scheint die Sonne. Es hat 17 Grad.

2 ① an Weihnachten　② in der Nacht　③ im 19. Jahrhundert　④ am 24. Dezember

　⑤ in diesem Jahr　⑥ zu Silvester　⑦ um 9.45 Uhr　⑧ am Morgen　⑨ am Feiertag

　⑩ im Karneval　⑪ im Winter　⑫ am Sonntag　⑬ um 23 Uhr

　⑭ am Beginn des Jahres　⑮ zu Mitternacht　⑯ an meinem Geburtstag

VERSCHIEDENES

여러 가지

☐ **ab**

Ab morgen habe ich Urlaub.
내일**부터** 나는 휴가야.

…부터

☐ **aus**

Wann kommst du aus der Schule?
너는 학교**에서** 언제 오니?

…에서

☐ **bei**

Ich war gestern bei meiner Freundin.
나는 어제 여자 친구 집**에** 있었다.

…에, 옆에

☐ **mit**

Wir fahren immer mit dem Bus.
우리는 항상 버스**로** 간다.

…으로
(수단),
…와 함께

☐ **nach**

Nach der Schule gehen wir schwimmen.
학교가 끝난 **후에** 우리는 수영하러 간다.

…후에,
…로(방향)

☐ **seit**

Sie haben sich seit Monaten nicht
gesehen.
그들은 몇 달 **전부터** 서로 보지 못했다.

…전부터

☐ **von**

Von Montag bis Freitag bleibt das Büro
geschlossen.
월요일**에서** 금요일까지 사무실을 휴업한다.

…에서(시간),
…부터(장소)

☐ **zu**

Gehen wir schnell zum Arzt.
우리 빨리 병원**에** 가자.

…에,
…으로(장소)

☐ **bis**

Der Zug fährt nur bis Innsbruck.
이 기차는 인스부르크**까지**만 운행된다.

…까지
(장소, 시간)

durch	Gehen sie gerade aus durch den Park. 계속 가서서 공원을 **통과하세요**.	…통하여 (장소)
für	Für wen ist das Geschenk? 누구를 **위한** 선물이야?	…위해, 위한
gegen	Ich bin mit dem Auto gegen einen Baum gefahren. 자동차로 나무**를 향하여** 갔다.	…을 향하여
ohne	Ohne Geld kann man sich auch amüsieren. 돈 **없이**도 즐길 수 있다.	…없이
um	Gehen Sie um das Gebäude herum. 건물 **주위**를 돌아가세요.	…주위(장소), 정각에 (시간)
außerhalb	Außerhalb der Geschäftszeiten rufen sie bitte die Hotline an. 영업 시간 **외에**는 핫라인에 전화하세요.	…외의, …의 밖에
innerhalb	Innerhalb der Stadtzone kann man mit dem Ticket fahren. 시내 **안에서**는 이 티켓으로 가면 된다.	…안에
trotz	Trotz seiner Verletzung kämpfte er weiter. 부상을 입었음**에도 불구하고** 그는 계속 싸웠다.	…에도 불구하고
während	Während der Feiertage bleibt die Bücherei geschlossen. 연휴 **동안**에는 도서관이 휴관을 한다.	…동안

☐ wegen	Wegen des Geldes haben sie sich gestritten. 돈 **때문에** 그들은 싸웠다.		…때문에
☐ an	Ich hänge das Bild an die Wand. 나는 그림을 벽**에** 건다.	Das Billd hängt an der Wand. 그림은 벽**에** 걸려 있다.	…에
☐ auf	Leg den Schlüssel auf den Tisch. 열쇠를 책상 **위에** 놓아라.	Der Schlüssel liegt auf dem Tisch. 열쇠는 책상 **위에** 놓여 있다.	…위에
☐ hinter	Er stellte sich hinter das Sofa. 그는 소파 **뒤로** 가서 섰다.	Er steht hinter dem Sofa. 그는 소파 **뒤에** 서 있다.	…뒤에
☐ in	Sie steckt das Handy in die Tasche. 그녀는 핸드폰을 가방 **안에** 넣었다.	Das Handy steckt in der Tasche. 핸드폰은 가방 **안에** 넣어져 있다.	…안에
☐ neben	Die Katze legt sich neben mich. 고양이는 내 **옆에** 눕는다.	Die Katze liegt neben mir. 고양이는 내 **옆에** 누워 있다.	…옆에
☐ über	Wir hängen die Hose über das Bett. 우리는 바지를 침대 **위에** 건다.	Die Hose hängt über dem Bett. 바지는 침대 **위에** 걸려 있다.	…위에
☐ unter	Der Hund legt sich unter den Tisch. 강아지는 밥상 **아래** 눕는다.	Der Hund liegt unter dem Tisch. 강아지는 밥상 **아래** 누워 있다.	…아래

228

| ☐ vor | Das Kind stellt sich vor den Spiegel. | Das Kind steht vor dem Spiegel. | ⋯앞에 |
| | 아이는 거울 **앞에** 선다. | 아이는 거울 **앞에** 서 있다. | |

| ☐ zwischen | Er setzt sich zwischen zwei Mädchen. | Er sitzt zwischen zwei Mädchen. | ⋯사이에 |
| | 그는 두 여자아이 **사이** 자리에 앉는다. | 그는 두 여자아이 **사이** 자리에 앉아 있다. | |

1 빈칸에 알맞은 말을 쓰세요.

> in die   ins   zur   ans   ins   in den
>
> der   am   vor dem   auf den   der   zum

① Gehen wir _____ Kino?

Nein, ich möchte lieber _____ Museum.

② Holst du mich _____ Bahnhof ab?

Ja, ich warte _____ Eingang.

③ Fährst du im Sommer _____ Meer?

Nein, ich fahre diesmal _____ Berge.

④ Wohin lege ich die Bücher? _____ Tisch?

Nein, stell sie _____ Schrank, bitte.

⑤ Wo ist die Apotheke? Neben _____ Post?

Nein, sie ist hinter _____ Bank.

⑥ Wohin gehst du? _____ Schule?

Nein, ich gehe _____ Arzt.

✓ 힌트

in das → ins
in dem → im
an dem → am
zu dem → zum
zu der → zur

2 다음 단어를 조합하여 문장을 만들어 보세요.

> an / hängt / Normalerweise / das Bild / die Wand / man
>
> ➡ hängt man das Bild and die Wand.

① die Flaschen / in / stellt / Er / den Keller

➡ _____.

② das Sofa / Warum / legt / die Hose / auf / mein Bruder

➡ _____?

③ sind / in / Die Eier / der Tasche

➡ _____.

④ hängen / Ihre Jacke / den Haken / Bitte / Sie / an

➡ _____.

⑤ Montag / sind / Die Bürozeiten / von / Freitag / bis

➡ _____.

참고 숙어

Du lebst ja hinter dem Mond.   ▶ 너는 세상 물정을 모르고 산다.

Hals über Kopf   ▶ 황급히, 부랴부랴

2 Modalverben und allgemeine Grammatik
화법 조동사와 일반 문법 `Track 42`

☐ **möchten**

Ich möchte nach Deutschland und dort studieren.

나는 독일에 가서 공부**하고 싶다**.

`유의어` **wollen**

···하고 싶다, 원하다

☐ **müssen**

Musst du wirklich schon nach Hause gehen?

정말 벌써 집에 가**야만 하니**?

···해야만 하다

☐ **dürfen**

Entschuldigung, darf ich etwas fragen?

실례합니다, 뭘 좀 여쭤**봐도 될까요**?

···해도 된다

☐ **können**

Können Sie bitte ein bisschen langsamer sprechen?

조금 천천히 말**해 줄 수 있어요**?

···할 수 있다

☐ **sollen**

Was sollen wir in diesem Fall tun?

우리는 이 경우에 어떻게 **하는 것이 좋을까요**?

···하는 것이 좋겠다

☐ **das Modalverb**

Bei Sätzen mit Modalverben, steht das eigentliche Verb am Satzende.

화법 조동사가 있는 문장에서 본 동사는 문장 끝에 위치합니다.

`참고` **das Satzende** 문장 끝

화법 조동사

☐ **der Satz**

Ich verstehe diesen Satz nicht.

이 **문장**을 이해하지 못합니다.

문장

☐ **der Infinitiv**

Der Infinitiv vieler Verben endet auf –en.

많은 동사의 **원형**은 –en으로 끝난다.

원형

| die Konjugation | Ich weiss jetzt, wie ich die Konjugation der Verben bilde. | 동사의 활용 |
| | 저는 이제 **동사의 활용**법을 할 줄 알아요. | |

das Nomen	Nennen Sie ein Nomen mit S das Hauptwort.	명사
	S으로 시작하는 **명사**를 말하세요.	
	유의어 das Hauptwort	

das Verb	Bitte finden Sie alle unregelmäßigen Verben.	동사
	불규칙 **동사**를 모두 찾아보세요.	
	유의어 das Zeitwort	
	참고 unregelmäßig 불규칙적인	

das Adjektiv	Welches Adjektiv beschreibt Sie am besten?	형용사
	당신을 가장 잘 설명해 주는 **형용사**는 무엇인가요?	
	유의어 das Eigenschaftswort	

| das Adverb | Ein Adverb wird nicht flektiert. | 부사 |
| | **부사**는 어미가 변하지 않습니다. | |

| das Pronomen | Pronomen stehen anstelle von Nomen. | 대명사 |
| | **대명사**는 명사를 대신해서 사용됩니다. | |

| die Präposition | Präpositionen sind schwer zu merken. | 전치사 |
| | **전치사**는 외우기 어렵습니다. | |

☐ das Satzzeichen	Bei den Satzzeichen bin ich mir noch nicht so sicher. **문장 부호**는 아직 잘 모르겠습니다.	문장 부호
☐ der Punkt	Am Ende des Satzes setzt man einen Punkt. 문장 끝에는 **마침표**를 찍습니다.	마침표
☐ der Beistrich	Die Regeln für Beistrich solltest du dir genauer ansehen. **콤마** 규칙을 자세히 확인하는 것이 좋겠다.	콤마
☐ der Doppelpunkt	Der Doppelpunkt wird im Deutschen oft verwendet. **콜론**은 독일어에서 자주 사용됩니다.	콜론
☐ die Wortstellung	Verändert man die Wortstellung, kann man Wörter betonen. **어순**을 바꾸어 단어를 강조할 수 있습니다.	어순
☐ der Konjunktiv	Wie lautet der Konjunktiv von „sein"? 'sein' 동사의 **접속법**은 어떻게 되나요?	접속법
☐ der Artikel	Im Deutschen gibt es drei Artikel. 독일어에는 **정관사**가 세 개 있습니다.	정관사
☐ das Subjekt	Dieser Satz beginnt mit dem Subjekt. 이 문장은 **주어**로 시작된다. 참고 das Objekt 목적어	주어

1 알맞은 것끼리 연결해 보세요.

① Ich gehe Eis kaufen. •   • ⓐ Ich muss los.

② Ich habe keine Zeit, zu •   • ⓑ Darf ich mitgehen?
   diskutieren.

③ Warum fährst du nicht •   • ⓒ Sollen wir laufen?
   auf Urlaub?

④ Paul geht mit Freunden •   • ⓓ Ich kann leider nicht.
   zum Fußballspiel.

⑤ Der letzte Bus fährt in •   • ⓔ Wer möchte eins?
   vier Minuten.

⑥ Wer bringt sie zum •   • ⓕ Ich will lieber zu Hause
   Bahnhof?   bleiben.

✓ 힌트

화법조동사(Modalverben)

	dürfen	können	möchten	müssen	sollen
ich	darf	kann	möchte	muss	soll
du	darfst	kannst	möchtest	musst	sollst
er/sie/es	darf	kann	möchte	muss	soll
wir	dürfen	können	möchten	müssen	sollen
ihr	dürft	könnt	möchtet	müsst	sollt
sie	dürfen	können	möchten	müssen	sollen

2 빈칸에 dürfen/müssen의 알맞은 형태를 쓰세요.

① Hier _____ man nicht rauchen.
여기서는 금연입니다.

② Hier _____ man halt machen.
여기서는 정지해야 한다.

③ Hier _____ man fotografieren.
여기서는 사진 찍어도 된다.

④ Hier _____ man vorsichtig sein.
여기서는 조심해야 한다.

⑤ Hier _____ man leise sein.
여기서는 조용히 해야 한다.

⑥ Hier _____ man etwas essen.
여기서는 음식을 사서 먹을 수 있다.

정답

1 ① ⓔ ② ⓐ ③ ⓕ ④ ⓑ ⑤ ⓒ ⑥ ⓓ

2 ① darf ② muss ③ darf ④ muss ⑤ muss ⑥ kann

참고 지식

독일 키보드에서 스마일리 사용하는 방법

:)	웃는 스마일리	Doppelpunkt(콜론), Klammer zu(괄호 닫기)
:D	활짝 웃는 스마일리	Doppelpunkt, großes D
;)	윙크하는 스마일리	Strichpunkt, Klammer zu
:(	우는 스마일리	Doppelpunkt, Klammer auf
:O	놀란 스마일리	Doppelpunkt, großes O
:-P	매롱 하는 스마일리	Doppelpunkt, Bindestrich, großes P Bindestrich(이음표)
>-	화가 난 스마일리	Spitze Klammern(꺾쇠 괄호) Spitze Klammer zu, Bindestrich, spitze Klammer auf

3 Adverbien 부사

☐ bereits 🖊	Du hast doch bereits gegessen. 너는 **이미** 밥을 먹었잖아.	이미
☐ vorher 🖊	Gehen wir vorher noch ein bisschen spazieren? 우리 **그 전**에 잠시 산책하러 갈까?	그 전
☐ schließlich 🖊	Schließlich muss jeder sein eigenes Leben führen. **결국은** 누구나 자신의 삶을 살아야 한다.	결국은
☐ selten 🖊	Wir sehen uns viel zu selten. 우리는 너무 **드물게** 만난다.	드물다
☐ draußen 🖊	Draußen ist so schönes Wetter! **밖에** 날씨가 너무 좋다.	밖에
☐ hinauf 🖊	Jeden Tag läuft er 1000 Stufen hinauf. 그는 매일 1000개의 계단을 **위로** 올라간다.	위로
☐ nebenan 🖊	Er wohnt im Haus nebenan. 그는 **옆**집에 산다.	옆에
☐ deshalb 🖊	Ich möchte nach Deutschland. Deshalb lerne ich fleißig Deutsch. 나는 독일에 가고 싶다. **그래서** 독일어를 열심히 공부한다. **유의어** deswegen	그래서
☐ trotzdem 🖊	Er verdient nur wenig und trotzdem kauft er sich immer alles. 그는 적게 버는 것**에도 불구하고** 그가 원하는 것은 항상 산다.	…에도 불구하고

☐ weil

Weil ich heute noch nichts gegessen habe, habe ich großen Hunger.

오늘 아직 아무것도 먹지 않았기 때문에 배가 많이 고파요.

…기 때문에

☐ sonst

Du musst aufstehen, sonst verpasst du den Bus.

너는 일어나야 해. 그렇지 않으면 버스를 놓칠 거야.

그렇지 않으면

☐ bloß

Wie konnte das bloß passieren?

도대체 어떻게 일어날 수 있었지?

도대체

☐ irgendwie

Ich kann es irgendwie noch gar nicht glauben.

어떻게 보면 아직 믿어지지 않는다.

어떻게 보면

☐ kaum

Ich kannte ihre Eltern kaum.

나는 그녀의 부모님을 거의 몰랐었다.

거의 아닌

☐ wahrscheinlich

Warscheinlich braucht er Hilfe.

아마도 그는 도움이 필요할 것이다.

아마도

☐ ziemlich

Ich bin ziemlich enttäuscht.

나는 상당히 실망했다.

상당히

1 빈칸에 erst(아직)/ schon(이미)을 써서 문장을 완성하세요.

① Wir müssen jetzt gehen. Es ist _____ spät.

② Wann kommst du? Ich warte _____ über eine Stunde.

③ Du lernst _____ ein Semester Deutsch. Warum sprichst du

_____ so gut Deutsch?

④ Ihr habt jetzt _____ gegessen? Wir wollten doch gemeinsam

essen gehen.

> ✓ 힌트
> Ich warte …
> … erst eine Stunde.
> 나는 기다린 지 한 시간밖에 안 됐다.
> … schon eine Stunde.
> 나는 이미 한 시간을 기다리고 있다.

2 ①~⑧에 맞는 단어를 쓰세요.

> ① 아마도   ② 상당히   ③ 결국   ④ 위로
> ⑤ 때문에   ⑥ 드물다   ⑦ 그 전에   ⑧ 밖에

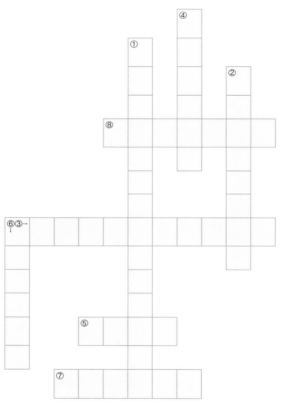

정답

2 ① wahrscheinlich ② ziemlich ③ schließlich ④ hinauf ⑤ weil
   ⑥ selten ⑦ vorher ⑧ draußen

참고 숙어

Außen fix und innen nix/ Außen hui und innen pfui   ▶ 빛 좋은 개살구

Er hat kaum Zeit, Luft zu holen   ▶ 그는 숨쉴 시간조차 없다.

부록

- 단원별 단어 찾기 정답

- 색인

I - 3
p.27

1.

```
N H X M R Q N N U Y F B M J Q I R C
B F B I I W R J E N R J E P Q I P U
A Y P K M Q S C H A U S P I E L E R
D P I R L U N R S Ä N G E R I N F N
D J S A B M B K W F E J O H G N O H
B K L N Ä R Z T I N U O Q W V D V X
O E M K N M P X S Y W U L X P H K M
L W N E S U K K R O A R Y O N U Y F
W R T N G S O H B B H N A N P J M Y
O L P P R I R I Y Z O A U V V Q C D
M I O F N K O C H L V L T H J V G Y
G C I L S E S M P E I I O T O C L L
N N L E Z R X E I H F S R L X S S U
U L V G I I A C L R X T A U G W P M
I E T E L N N B O E W T Q B I F B T
D G D R W W T L T R U N B I U W T I
Z V G S L M M W P I A T G E O P J I
I C Y J I F V U L N U R V O F Y K M
```

II - 4
p.57

1.

```
C W Z O F U L P O S T A M T O
O Q K F G B Z J S U C G S U D
V I R Z N U U B A N K H K H C
S S A R O S D T U M O X X E D
W G N V H H C F K H R S W I D
G J K P Q A V L L G M C C N O
A I E Q Q L O U V R L H A W B
P R N T O T F G N E X U K E D
O K H Y E E F H Q I J L W R Z
T M A T T S U A V N B E N F V
H O U R J T R F E I N R M E S
E B S Z O E U E G G U W J N F
K Z H G C L K N E U J C H C G
E G H T M L I U Y N Q A M T I
H P N K E E E M G X C W T P
```

Ⅲ – 4
p.79

1.

```
            M X U M X
        H A M B U R G E R
        W N D H V Z J W M K V
        H Y G E M Ü S E S U P P E
        Z K B D B G V V H Q S Ü L
      D M H X Y E T K H Ü Ü E F J A
      S T V Ü R T J W T H X K Z S F
      P J E Ü M R G Ü J N P K B Z S
      A D Y K E P D R Z C P U S Y
      M P I L G N Ü S P H S O Z B I
        F S C H N I T Z E L M K Y
        Q M X H N Ü C F N X M E V
          Ü F I S C H F I L E T
            D J U W E G G K S
              O R N R A
```

Ⅲ – 6
p.89

1.

```
S W U V X J X T B E Z A H L E N Y Q
M V U R F M N T H G U M V X Q G V M
S A D O H W R L N H R B R L E C S V
R N N F D T J G D R E P E V M J C Y
K A M B I V H G X E S F S H P G H O
N E U E N I A Y W V E Y T K F C M Y
C M B S W M U F J Y R I A D E F E N
R Q L C K B P R I D V S U T H C C I
G C N H M X T A M K I T R F L I K Y
D C P W Q O S G E L E L A S E O E I
P R T E K S P G N T R A N H N U N K
W E P R B E E L Ü O E Q T H D X P T
V A F E Y W I E M S N S S Y K L L F
S P L N E N S E C F I O G A S T E U
P F L B S Z E C F P D D X Q G Y G K
R G X W W H U W P H K N D X I I Q E
R K F D L S P K E L L N E R I N Q S
S Y K G H O U M Y Z D Q W F R Y W W
```

Ⅳ - 4
p.110

1.

```
X  T  K  F  T  R  X  R  P  B  B  Q  U  M  H
G  Y  Y  M  O  B  R  I  L  L  E  X  O  K  R
D  W  G  F  R  T  Y  V  K  G  F  E  H  L  E
R  F  J  F  C  K  R  A  W  A  T  T  E  C  G
H  O  A  Q  P  I  Z  J  J  K  H  I  Z  E  E
A  S  N  S  O  C  K  E  N  Y  D  V  T  G  N
L  E  L  D  U  C  O  R  F  W  W  H  V  R  S
S  S  A  R  M  B  A  N  D  U  H  R  Y  N  C
K  T  K  Z  W  O  C  P  S  N  C  X  N  K  H
E  M  U  E  G  Ü  R  T  E  L  K  D  H  D  I
T  K  L  H  L  Q  T  I  Q  A  E  M  L  R  R
T  V  T  H  A  N  D  S  C  H  U  H  E  I  M
E  E  R  W  N  G  W  W  W  F  H  V  D  Q  C
W  H  H  A  A  R  G  U  M  M  I     H  U  T
H  Y  S  L  O  Z  V  Q  S  B  E  G  F  H  J
```

Ⅳ - 5
p.116

1.

```
W  N  R  E  S  J  G  R  I  M  Z  J  R  N  A  J  N  T  X
D  Q  R  O  Z  C  G  S  G  O  X  B  J  H  V  X  Q  W  H
T  Q  Y  N  N  U  J  P  U  K  B  R  K  V  W  J  C  S  L
H  W  N  D  C  D  H  O  Z  L  Y  S  F  C  B  D  S  C  S
A  L  L  E  O  M  Z  R  N  G  L  P  U  L  N  E  X  I  Y
P  V  F  Y  M  H  X  T  A  F  Q  A  S  P  C  Y  Z  M  U
J  K  B  D  P  Q  W  S  G  J  K  R  S  F  B  D  T  O  I
W  U  N  C  U  V  M  C  N  B  R  F  B  U  A  Y  S  C  P
W  E  G  J  T  K  S  H  I  B  J  Ü  A  E  R  K  K  N  L
M  U  E  D  E  W  X  U  G  L  N  M  L  P  G  J  O  I  E
X  F  X  R  R  R  Q  H  G  G  C  V  L  Y  E  B  H  N  V
S  I  D  F  B  E  C  E  O  R  H  Y  J  M  L  R  D  M  K
F  B  V  K  U  B  C  R  J  Q  S  H  D  J  D  B  D  X  R
M  K  L  J  W  T  M  V  Y  B  E  I  H  H  R  B  Y  R  Q
R  Q  V  W  G  E  S  C  H  E  N  K  H  Y  F  J  D  L  I
I  K  A  M  E  R  A  C  X  G  B  L  Y  F  Z  D  F  Y  T
Y  R  V  B  R  E  T  T  S  P  I  E  L  L  Z  P  F  W  O
X  S  Q  F  Q  U  A  Y  W  P  O  J  M  Y  C  V  I  T  P
C  X  F  G  C  Y  P  V  Z  G  C  J  R  V  X  T  Y  V  S
```

2.

Z	S	G	S	S	H	G	M	W	V	H	W	G	R	C	O	T	P	J
T	I	I	F	L	I	S	R	G	N	Q	D	L	L	I	B	Y	I	Q
S	L	V	H	L	M	E	W	K	G	Y	P	Z	W	K	L	R	F	Q
B	V	N	K	T	N	C	G	H	J	C	B	R	X	A	B	I	Q	C
S	E	N	J	U	G	V	A	K	P	X	E	W	L	R	P	T	T	D
N	S	Y	U	G	A	X	T	L	Q	T	I	F	C	N	B	A	N	Q
E	T	E	Y	W	T	V	S	W	O	E	Z	O	O	E	I	U	E	I
T	E	K	Y	A	S	H	U	B	U	P	X	Z	E	V	V	F	V	M
S	R	D	L	F	N	V	A	D	W	O	U	P	M	A	M	E	D	S
G	O	T	Y	Z	E	G	L	E	Q	J	V	Q	X	L	E	S	A	P
N	R	S	J	M	M	E	O	K	Q	J	S	M	I	S	V	Q	G	K
I	M	Q	X	B	A	B	K	Z	S	N	H	G	X	S	O	T	Y	C
F	E	D	S	R	N	U	I	T	I	S	M	F	H	I	H	E	Y	I
P	D	E	O	Y	R	R	N	X	Q	V	K	M	E	V	A	N	R	M
M	W	B	B	K	I	T	Q	G	E	W	F	W	M	S	Q	T	C	Z
H	V	G	K	X	M	S	L	M	Y	M	Y	D	O	S	T	E	R	N
H	X	F	Y	R	X	T	H	K	U	F	I	U	R	H	Y	C	D	E
D	F	Q	G	J	B	A	W	E	I	H	N	A	C	H	T	E	N	
K	K	D	C	Q	C	G	J	M	G	S	T	K	T	E	E	F	M	N

2.

Q	D	D	W	P	C	B	I	W	J	C	A	R	R	L	O	Y	U	O	I
P	J	S	P	G	T	Z	V	G	D	U	W	Q	N	I	P	U	D	X	R
W	P	I	M	E	D	I	K	A	M	E	N	T	C	T	S	W	K	C	T
Q	A	E	E	P	J	V	W	Q	K	R	A	N	K	E	N	H	A	U	S
V	T	E	Z	T	I	R	P	S	Z	X	O	U	W	R	N	F	M	V	H
O	I	N	K	U	E	I	C	B	F	J	U	D	M	K	M	M	K	I	I
M	E	C	K	Z	X	F	S	P	R	F	Y	X	B	J	T	U	O	A	P
K	N	B	K	V	S	L	A	Z	I	V	B	D	J	B	L	K	U	D	J
O	T	F	I	E	B	E	R	T	H	E	R	M	O	M	E	T	E	R	Z
W	X	C	D	Y	E	X	E	F	O	T	Q	C	X	P	Q	Z	F	E	F
B	J	V	F	V	O	P	E	R	A	T	I	O	N	L	Q	P	R	U	Q
T	P	X	I	R	Y	S	H	V	F	B	V	B	A	Z	B	X	W	E	G
Y	J	E	K	C	Ü	R	K	Z	D	F	S	Q	L	Q	X	G	Q	F	Q
P	S	J	X	R	M	O	P	G	E	J	I	K	O	O	E	C	Y	X	F
P	K	B	I	R	E	T	T	U	N	G	S	W	A	G	E	N	Q	C	E
S	X	Y	M	R	L	U	S	T	E	T	H	O	S	K	O	P	A	K	O
S	Y	W	W	F	M	J	E	F	S	G	G	S	A	R	K	W	T	V	W
P	J	M	V	L	H	U	T	S	L	L	O	R	B	U	M	Z	E	O	A
B	O	L	K	N	B	C	R	N	O	G	N	U	C	K	I	C	U	K	X
C	P	T	Z	S	U	Q	B	B	C	E	P	J	O	F	V	D	P	L	Y

VIII- 3
p.197

1.

C	T	C	R	K	K	T	S	I	Y	X	U	V	J	F	P	S	I
H	G	L	P	U	Y	F	E	B	A	B	D	E	S	F	N	Y	N
A	U	R	D	E	E	H	R	R	U	O	S	P	T	W	N	Z	C
D	T	M	I	E	O	Ä	V	M	F	J	V	P	J	T	D	E	B
V	E	B	I	V	Z	N	U	G	W	B	A	G	T	D	P	Y	T
W	N	R	A	F	D	D	S	O	I	L	Y	D	F	B	Y	B	P
G	A	L	I	E	B	E	R	E	E	G	Z	C	R	H	P	G	T
Q	C	X	M	T	G	S	M	D	D	W	G	T	T	C	K	R	R
U	H	C	E	C	B	C	G	E	E	Y	U	S	B	I	P	Ü	O
E	T	G	F	Q	E	H	J	S	R	O	T	C	Y	T	L	E	P
B	T	V	P	W	Q	Ü	W	J	S	F	E	H	Q	F	U	Z	P
K	K	D	M	M	E	T	P	O	E	I	N	Ü	U	Y	E	I	I
V	F	Y	C	E	S	T	W	M	H	L	A	S	J	I	H	X	N
H	T	V	J	Z	Z	E	U	S	E	T	B	S	Z	S	F	O	K
C	G	I	M	O	O	L	F	U	N	P	E	L	K	U	S	S	L
S	M	P	S	Y	K	N	L	O	F	Q	N	J	Q	G	D	T	W
A	B	S	C	H	I	E	D	F	M	Y	D	G	I	D	M	A	D
C	G	J	I	N	J	W	S	O	W	E	F	K	W	E	B	J	E

IX- 3
p.214

2.

M	D	A	D	L	D	X	Z	Z	R	P	H	G	E	X	N	X	Y	B	W
C	U	O	W	F	M	H	U	N	V	S	M	S	T	K	E	M	C	D	A
O	X	X	Q	I	I	M	N	A	K	V	E	I	L	C	H	E	N	K	L
J	W	R	C	Q	V	H	D	Z	I	R	V	L	Q	J	G	N	S	H	P
A	V	U	T	D	J	F	F	U	O	Y	B	Z	Q	L	K	I	O	F	G
I	L	E	A	N	T	S	L	K	Q	O	P	B	L	J	Q	N	N	P	W
C	F	E	N	V	J	I	I	A	U	C	U	Z	K	Q	X	O	N	Y	A
E	L	T	N	T	J	D	E	K	A	T	T	P	S	G	Y	N	E	B	Q
Q	M	J	E	H	N	W	D	T	M	T	O	E	L	B	S	X	N	I	S
W	P	O	N	S	C	S	E	U	K	I	L	Q	Ö	W	W	V	B	W	T
G	V	Q	B	X	S	A	R	S	P	W	T	X	W	S	I	R	L	S	M
Q	N	R	A	R	S	W	O	K	C	D	X	K	E	O	W	W	U	B	O
P	I	B	U	F	R	F	G	V	X	I	E	V	N	C	Y	O	M	V	U
K	C	O	M	B	E	C	P	V	S	J	H	M	Z	P	I	D	E	R	X
X	D	Q	T	C	Z	Z	J	G	J	I	T	F	A	Y	P	C	S	J	X
M	H	S	E	E	R	O	S	E	T	C	U	E	H	R	P	B	Y	F	K
S	C	S	U	N	K	R	A	U	T	H	M	Y	N	Q	P	K	V	E	D
V	V	I	R	D	F	D	D	K	H	K	Y	M	V	K	E	H	H	R	S
K	V	M	R	L	R	B	Z	C	V	G	A	W	B	M	M	X	Z	D	W
F	J	F	C	L	S	C	H	N	E	E	G	L	Ö	C	K	C	H	E	N

Es <u>waren</u> einmal drei Schmetterlinge: ein weißer, ein gelber und ein roter. Sie <u>flogen</u> von Blüte zu Blüte und <u>spielten</u> zusammen. Plötzlich <u>fing</u> es an zu <u>regnen</u>. Die drei Schmetterlinge <u>flogen</u> zu einer Lilie und <u>sagten</u>: „<u>Beschütze</u> uns bitte, sonst <u>werden</u> wir nass!" Die Lilie <u>antwortete</u>: „Den weißen Schmetterling <u>will</u> ich gerne <u>aufnehmen</u>, aber den roten und den gelben Schmetterling nicht." Da <u>sagte</u> der weiße Schmetterling: „Ohne meine Freunde <u>will</u> ich auch nicht bei dir <u>bleiben</u>." Und zusammen <u>flogen</u> sie weiter. Sie <u>kamen</u> zu einer gelben Tulpe und <u>fragten</u> sie: „<u>Willst</u> du uns bei dir <u>aufnehmen</u>?" Die Tulpe <u>antwortete</u>: „Den gelben Schmetterling <u>nehme</u> ich gerne <u>auf</u>. Aber den weißen und roten nicht." Da <u>wollte</u> der gelbe auch nicht <u>bleiben</u>, und sie <u>flogen</u> zusammen <u>weiter</u>. Dann <u>kamen</u> sie zum roten Klatschmohn und <u>fragten</u> ihn: „<u>Willst</u> du uns bei dir <u>aufnehmen</u>?" Der <u>antwortete</u>: „Den roten Schmetterling <u>nehme</u> ich gerne <u>auf</u>. Aber den weißen und den gelben nicht." Da <u>sagten</u> die Schmetterlinge: „Dann <u>wollen</u> wir lieber zusammen nass <u>werden</u>!" Das <u>hörte</u> die Sonne hinter den Wolken. Sofort <u>fing</u> sie an stärker zu <u>scheinen</u>. Der Regen <u>hörte auf</u>, und die Schmetterlinge <u>konnten</u> wieder <u>herumtanzen</u>.

착! 붙는 독일어 단어장

초판인쇄	2024년 7월 10일
초판발행	2024년 7월 15일

저자	전진아
편집	권이준, 김아영
펴낸이	엄태상
디자인	권진희, 이건화
표지 일러스트	eteecy
콘텐츠 제작	김선웅, 장형진
마케팅 본부	이승욱, 왕성석, 노원준, 조성민, 이선민
경영기획	조성근, 최성훈, 김다미, 최수진, 오희연
물류	정종진, 윤덕현, 신승진, 구윤주

펴낸곳	시사북스
주소	서울시 종로구 자하문로 300 시사빌딩
주문 및 교재 문의	1588-1582
팩스	0502-989-9592
홈페이지	http://www.sisabooks.com
이메일	book_etc@sisadream.com
등록일자	1977년 12월 24일
등록번호	제300-2014-92호

ISBN 978-89-402-9412-3 (13750)